東北アユ釣り場「いい川」

つり人社書籍編集部　編

つり人社

目次

東北アユ釣り場「いい川」

● 青森県
奥入瀬川 6
赤石川 12
追良瀬川 18

● 秋田県
米代川・中流部 24
米代川・上流部 30
藤琴川 36
阿仁川 40
小阿仁川 48
早口川 52
桧木内川 56
皆瀬川 62
成瀬川 68

構成 時田眞吉
地図 堀口順一朗

● 岩手県
小本川 74
閉伊川 80
雫石川 88
和賀川 94
気仙川 102

● 山形県
鮭川 106
真室川 112
最上小国川 120
温海川 128

● 福島県
会津大川（阿賀川）134
野尻川 140
伊南川 146
久慈川 152

掲載河川情報一覧・執筆者プロフィール 158

はじめに―本書について

本書は釣り人による、釣り人のためのアユ釣り場ガイドです。アユ釣りと自然を愛する筆者の方々にご協力をいただき、一冊にまとめました。ルールとマナーを守り、1人でも多くの方がアユ釣りを楽しめるように心がけましょう。

【釣り場】 大アユ、天然ソ上、濃密放流などで有名な河川のほか、近年人気上昇中の川、地元の方に親しまれている川など、エリア内のさまざまなタイプのおすすめ河川をピックアップ。各釣り場に精通する釣り人が原稿を執筆しています。

【地図】 各河川には、アクセス図と釣り場河川図、また必要に応じて拡大図を掲載しました（縮尺は一定ではありません）。地図は基本的に北を上に製作しましたが、河川の地理的要素や、表示するスペースの関係から異なる場合もあります。アクセス図、河川図とも、東西南北は方位記号をご参照ください。

【写真】 撮影後に河川状況が大きく変化する可能性もあることから、2014年シーズン後の写真も多く掲載しています。釣り人のいない風景写真は減水期が中心となるため（河川によっては雪代増水中もあり）、シーズン中は全般に水量・水勢が増しているとお考えください。

【本文・インフォメーション】 本書に記載した各情報は、基本的には2015年6月までのものです。解禁期間、遊漁料、漁業協同組合、遊漁券取扱所・オトリ店等の各情報は、その後変更されている可能性もあります（特に解禁期間、遊漁料は必ず事前に各漁協にお問い合わせください）。また、解禁日が「第●日曜」等で設定されている場合、年によって日にちが変わります。

釣り場の状況も同じであるとは限りません。釣行の際は、安全に釣りを楽しむためにも、同様に現地の最新情報を事前にご確認ください。また、現地で本書に記載外の禁漁・禁止行為等を示す標識などがあった場合には、その指示を遵守してください。

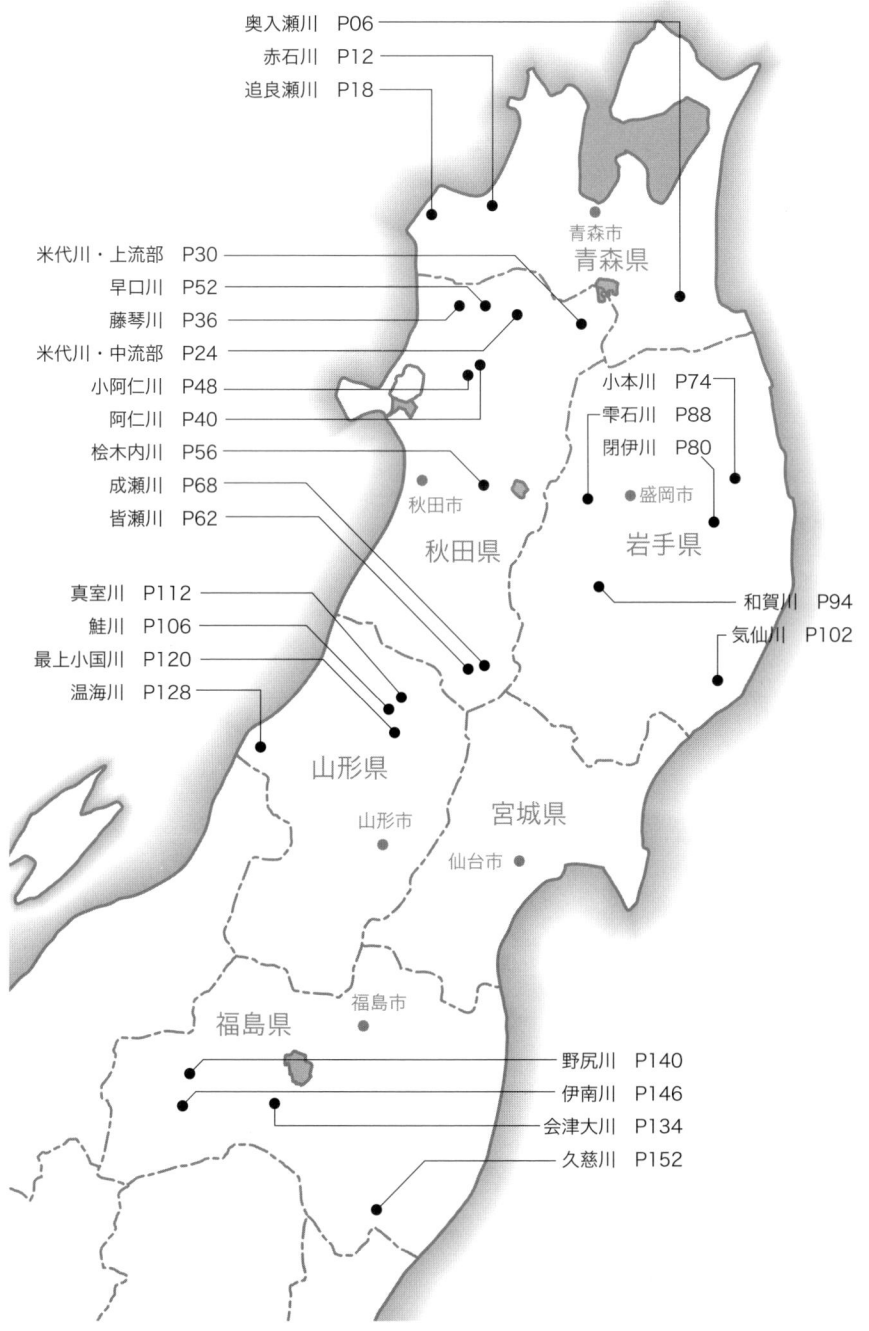

●青森県

奥入瀬

景勝地「奥入瀬渓流」が奥に控える北国の清流
十和田湖からの冷水が姿・香り・味のよいアユを育む

藤島・相坂地区ポイントAの公園下から上流を望む

奥入瀬川は、十和田八幡平国立公園にある十和田湖から流れ出る唯一の川となる。流域の奥入瀬渓流は万人に知られた景勝地で、奥に入るほど瀬が多くなることから奥入瀬と名付けられたそうだ。

奥入瀬の魅力は変化に富んだその流れと、「阿修羅の流れ」「雲井の滝」「銚子大滝」などの渓流沿いに見られる滝の数々で、四季折々に異なった景色が楽しめる。自然美あふれる奥入瀬渓流は環境省「残したい日本の音風景100選」や(一社)日本ウォーキング協会「美しい日本の歩きたくなるみ

藤島・相坂地区ポイントCから上流を望む。
良型が期待できる流れ

ち500選」などにも選ばれている。

十和田湖の冷たい水で育つ奥入瀬のアユは、姿・香り・味と三拍子揃った、地元の釣り人ならだれもが胸を張っておすすめできる自慢のアユだ。特に食味のよさは抜群で、美味しいアユを釣りたい方は、ぜひとも一度は足を運んでいただきたい。

奥入瀬川の主な友釣りエリアは、国道4号バイパスの橋から約14km上流に

6

● 藤島、相坂地区

シーズンを通して人気のあるエリア。釣り場へのアクセスは、国道4号を青森市方面に車を走らせた場合、4号バイパスに入る手前、道の駅とわだ前の信号を左折。旧4号を十和田市街方面へ5分ほどで到着する。近くにはサークルK、温泉、公園もあって利便性のよい場所で、コンビニでは遊漁券も扱っている。

ポイントAは右岸側の公園に駐車スペースがある。大きなテトラが点在し、居着きのアユが確認できるはずだ。反応が早いのですぐにオトリを交換できるが、テトラ周りを探るため細仕掛けは避けたい。

その下流には腰下ほどのトロ場が広がり、群れアユがいる。釣果を伸ばすカギはその攻略で、私は3本チラシなどを使用して探っている。

ポイントBは流れを横切るようにブロックが入れられ、その周りにアユが

架かる大堀橋付近までとなる。釣るアユの9割が放流魚で、稚魚は赤石川産約8万尾が数個所に分けて放流されている。

解禁は7月1日で、解禁日には12〜13cmほどに育ったアユが釣れ、8月後半になると丸まると太った24〜28cmサイズがサオを絞り込む。

8月に入ると天然アユが多少ソ上し、旧4号（現・県道145号）に架かる御幸橋すぐ下の大きな堰堤までは時折放流魚に混じって掛かってくる。さらに下流域では、天然ソ上の数釣りが楽しめる場所もあるそうだが、全体的に数が少ないため場所を特定するのが難しい。

また国道4号バイパス橋下流は、解禁と同時にコロガシ釣りも認められているため、友釣りでの釣果はあまり期待できない。オトリアユの販売は、十和田市の街中にある鈴木釣具店のみとなるため、多めに購入して入川したほうが賢明だ。

information
●河川名　奥入瀬川
●釣り場位置　青森県十和田市
●解禁期間　7月1日〜9月30日
●遊漁料　日釣券800円・年券5200円
●管轄漁協　奥入瀬川漁業協同組合（Tel0176-72-3933）
●最寄の遊漁券取扱所　鈴木釣具店（Tel0176-23-8208・オトリ）、さいとう釣具店（Tel0178-52-8422・遊漁券）、河原つり具石堂店（Tel0178-28-0553・遊漁券）、サークルK十和田相坂店（Tel0176-21-2466・遊漁券）
●交通　八戸自動車道、百石道路を経由して下田百石ICを降り、国道45号で奥入瀬川へ

付いている。ブロックの下流で掛かったらゆっくり取り込むことができるが、ブロック上を探る場合、掛かりアユが下流のブロックに走るので取り込みが困難になる。私はパワーのあるサオに太仕掛け、がまかつ無双2本チラシを使用して取り上げで取り込んでいる。

ポイントCは深トロで身長を超える場所もあるので安全第一で楽しみたい。川底はほぼ砂地であるが、ポツポツ石が入っているので、そんな場所をいち早く見つけて探ることが釣果アップにつながる。釣り返しも利くため、1つの方法だ。このエリアは上流域より水温が高いせいか、アユの成長も早く良型が釣れるのも魅力だ。

●赤沼地区

藤島、相坂地区より川沿いの道を上流へ車で15分ほど走った所で、奥入瀬川でも1級ポイントとなる「浄水場前」がある。

十和田湖方面からは、国道102号を川沿いに走り、道の駅・奥入瀬ろまんパークを過ぎると5分ほどの所に大きな廣瀬橋が見えてくる。その手前の急なカーブを右折し、右岸側を車で2、3分進むと浄水場前へ着く。Aポイントは堰堤直下がねらいめだ。流れに点在する大きな石を一つ一つテンポよく探っていく。堰堤上からのサ

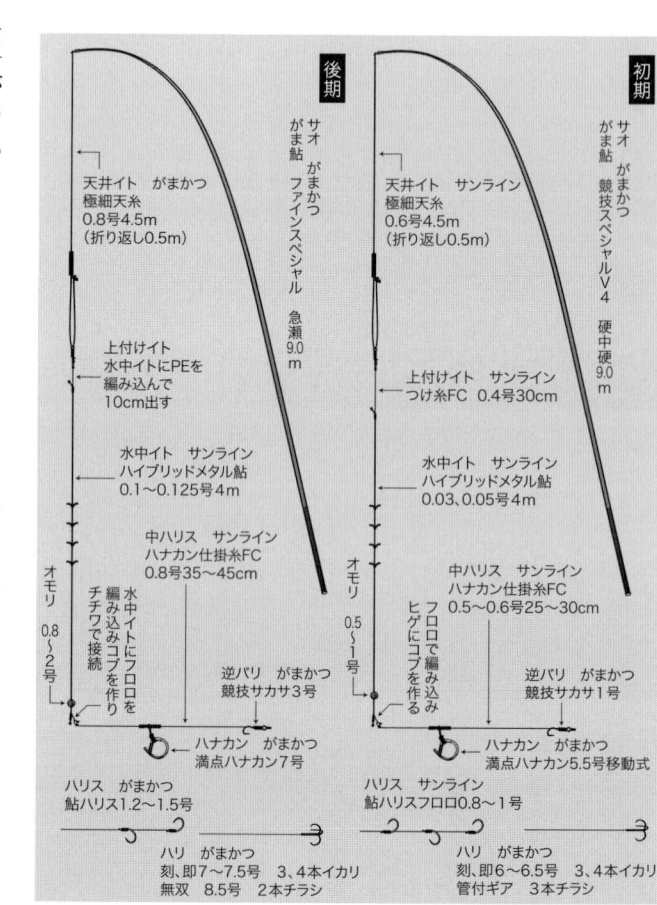

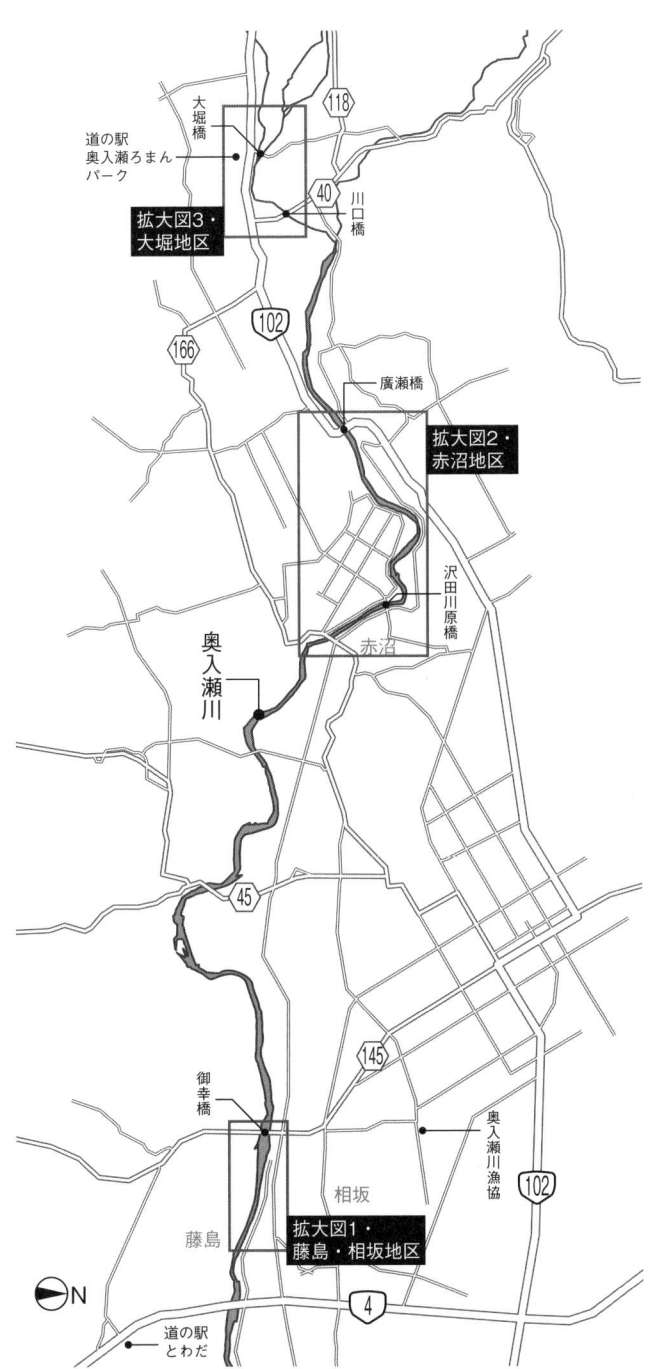

イトフィッシングも面白い。

Bポイントは右岸側に早瀬、左岸側はチャラチャラの分流がある。早瀬はアユがいればすぐ反応があるので、早いテンポで探ってみたい。釣り方は好みでOKだ。

チャラチャラの分流は夕マヅメに下流から差してくるアユがいるので、下流側からナイロンやフロロを使用した上飛ばしで静かに釣り上がるとよいだろう。

Cポイントは駐車場前から平瀬、ザラ瀬、チャラ、トロと釣りやすい流れが続く。放流量が多いせいか、群れた遊びアユが非常に多い。ここで釣果を

赤沼地区ポイントBより上流を望む。右岸側に早瀬、左岸側はチャラチャラの分流がある

赤沼地区ポイントAの堰堤を望む。堰堤直下がねらいめ

大堀地区・大堀橋より下流を望む。広範囲で釣れるので粘らずにテンポよく探りたい

大堀地区・川口橋上流の川相。急瀬、早瀬、平瀬にトロ場と流れも変化に富む

伸ばすには、水量の変化に気を配りたい。観光客のために朝早く十和田湖の水を子ノ口(ねのくち)水門にて放水するが、ここに到達するのは午後2時頃。増水するとともにアユの活性が高まり、群れアユが掛かり始めるというわけだ。大きな水位の増減はないので安心して釣りは楽しめる。

●大堀地区
最も上流に位置するエリア。国道102号沿いにある道の駅・奥入瀬ろまんパーク前に架かる大堀橋から下流の川口橋付近までの流れとなる。ここまで来ると川幅も狭まり、急瀬、早瀬、平瀬にトロ場と川相も変化に富む。大石の点在する深い流れは、川底の流れも複雑となる。
広範囲でアユの魚影が確認できるため、粘らずにテンポよく探っていきたい。釣り方は自分の得意なスタイルでよいが、私はオモリを使ってしっかり

10

と底にオトリを沈め、下流から上流に引き上げながら野アユの反応がある場所を探っている。反応があればオモリを支点にオトリを泳がせ誘っている。

最後に、奥入瀬川は春のヤマメ、イワナ、サクラマスに始まって夏のアユ、秋はサケの一本釣りと、シーズンを通して楽しめる川なので、ぜひ釣行を計画されたい。

まずは十和田市内にある「食事処ぶん」で奥入瀬アユを味わっていただきたい。気さくなマスターが美味しいアユ料理と、川の情報も教えてくれる。ちなみに私はアユを出汁にした「アユそうめん」をおすすめする（大竹）。

赤石川

●青森県

白神山地の水と自然が育む「金アユ」の川
アユは天然ソ上、上流部はクマも出る濃密な自然を堪能

下流域・鏡世橋より上流を望む。平坦な瀬（小石底）から浅トロ、チャラ瀬が連続する流れで釣り返しも利く

赤石川は世界遺産・白神山地より流れ出る清流で、全身が金色に輝く金アユが釣れる川として知られている。流程全域が鯵ヶ沢町に属し、町自体も金アユをブランド商品として河川管理、放流事業などに力を入れている。

釣り人にとってこの川の最大の魅力は、大量の天然ソ上にある。私の知人には、5月に天然ソ上してくるアユの匂いが分かるというくらい、濃密な魚影を誇る。

しかし、ここ数年の異常気象による豪雨で川のようすも変化している。ソ上シーズンに白川になって10日以上もサオがだせない、大淵に小砂利や泥が溜まるなどに加え、鵜の増加によってソ上数は確実に減ってきている。それでも東北きっての魚影と追いのよさを誇る川であることは間違いない。

赤石川は河口から最上流部まで右岸か左岸に町道か農道が走るため、入川が容易にできる。しかし駐車スペース

information

● 河川名　赤石川
● 釣り場位置　青森県西津軽郡鰺ヶ沢町
● 解禁期間　7月1日～9月30日
● 遊漁料　日釣券800円・年券6000円
● 管轄漁協　赤石水産漁業協同組合（Tel0173-72-3094）、赤石地区漁業協同組合（Tel0173-72-4030）
● 最寄の遊漁券取扱所　安田商店（Tel0173-72-2390）、太田商店（Tel0173-79-2404）、熊の湯温泉（Tel0173-79-2518）、鰺ヶ沢町アユ養殖場（Tel0173-79-2102）、日照田オトリ店（Tel0173-72-4299）
● 交通　東北自動車道・浪岡ICを降り、国道101号を経由し県道190号、191号で赤石川へ

●9月に圧倒的な魚影の下流部

赤石川のアユ釣りは7月1日に解禁を迎え、下流域の日照田、舘前地区では魚影が多く数が釣れるものの、型は8～16cmとムラが大きく、オトリの確保に難儀することもある。平坦な瀬（小石底）から浅トロ、チャラ瀬が連続する流れで釣り返しも利く。

私は1つのポイントであまり粘らず、適度な流れをチビ玉を付けて引き通す感じで釣っている。時には、水面ぎりぎりに目印を合わせて管理泳がせを交えながら探ることもある。そしてある程度のエリアを2時間を目安に移動するように心掛けている。

8月に入るとアユも成長し、小振り

ながらも型が揃ってくる。タマヅメの高活性時などは入れ掛かりも期待できる。9月には産卵のため魚影が多くなり、上流部のアユでさらに魚影が多くなり、短期間ながら最後の釣り舞台となる。

●メインステージとなる中流域

中流域の種里、鬼袋地区は赤石川のメインステージで、頭大から人間大の石や岩がギッシリの瀬、トロが連続する。水深も膝〜股ほどの流れで釣りやすい。

種里地区では、毎年7月3週の日曜日に金鮎友釣大会（赤石清流会・鰺ヶ沢町主催）があり、大会当日はぎっしりと釣り人が並ぶ。小森橋上流右岸には数十台駐車できる広場があり、クラブの例会などにも利用されている。

天然ソ上と放流魚が混じるためアユの魚影は多いが、数年来続く記録的洪水により、上流から運ばれてきた小砂利、浮き石が多いのが難点。私はヤナ

下流域・舘前地区の流れ。魚影が多く数は釣れるが、8〜16cmと型にムラがある

中流域・小森橋より上流を望む。頭大から人間大の石や岩がギッシリの瀬、トロが連続する

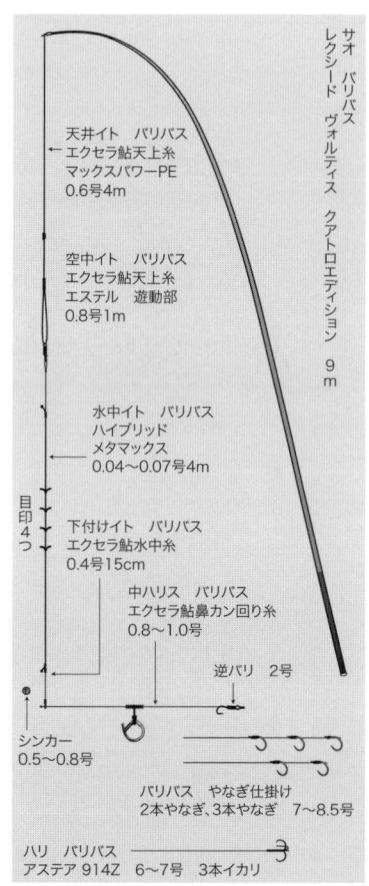

サオ　バリバス　レクシード　ヴォルティス　クアトロエディション　9m

天井イト　バリバス　エクセラ鮎天上糸　マックスパワーPE　0.6号4m

空中イト　バリバス　エクセラ鮎天上糸　エステル　遊動部　0.8号1m

水中イト　バリバス　ハイブリッド　メタマックス　0.04〜0.07号4m

目印4つ

下付けイト　バリバス　エクセラ鮎水中糸　0.4号15cm

中ハリス　バリバス　エクセラ鮎鼻カン回り糸　0.8〜1.0号

逆バリ　2号

シンカー　0.5〜0.8号

バリバス　やなぎ仕掛け　2本やなぎ、3本やなぎ　7〜8.5号

ハリ　バリバス　アステア 914Z　6〜7号　3本イカリ

ギ仕掛けを多用し根掛かりに対処している。釣れるサイズは18cm前後が多く、状況によっては3ケタもねらえるので、釣れるパターンをいち早くつかみ、効率よくオトリを循環させる釣りを心掛けたい。

この地区から1つ上流の集落（一ッ森町）にかけて、石の大きさがガラッと変わり渓流相となる。大石の絞り込まれた流れが点在し、解禁直後から18〜19cmの背幅のある「これぞ金アユ！」といった魚が掛かりだす。

梨中橋上流には、かつて銀座通りと称された区間があり、大勢の釣り人で賑わったが、現在は少し寂れた感も否めない。

中流域上部には町営アユ養殖場やキャンプ場があり、訪れる釣り人も多いが、渇水期に入るとグンと釣りが難しくなる。見えているのに追わない、掛からないなど、じれったい釣りを強いられることもある。

中流域・梨中地区の川相。釣れるサイズは18cm前後が多く、状況によっては3ケタ釣果もねらえる

15

上流域・永久橋より上流を望む。ポッテリと成長した22〜24cmのアユも手にできる

独特の色合いと美味で知られる赤石川の金アユ

上流域・赤沢橋より上流を望む。注意したいのがクマとアブ。装備を整えて入川したい

● 22〜24cmを手にできる上流部

上流域は中流上部のキャンプ場から上流、両岸が自然石で護岸されたエリアから始まる。所々に大石が点在し、いくつにも流れが分散したチャラ瀬が400mほど続く。私の一番好きなポイントで、チビ玉を付け護岸の石にオトリを張り付けてねらっている。増水後の残りアカも多く、両岸を探れるため飽きのこない釣りが楽しめる。

この辺りから流れは蛇行し、山が切り立ち大淵、堰堤が連続する。各堰堤には魚道が整備されており、日本の滝百選にも選ばれた「くろくまの滝」付近までアユがソ上する。

上流域を釣る時に注意したいのがツキノワグマ。シーズン中に必ずといっていいほど目撃例が報告されているので、クマ避けの鈴など装備を万全に整えたい。また、7月下旬から出始めるアブ。これは尋常ではない数が発生し、オトリ交換時などにしゃがむと、いっ

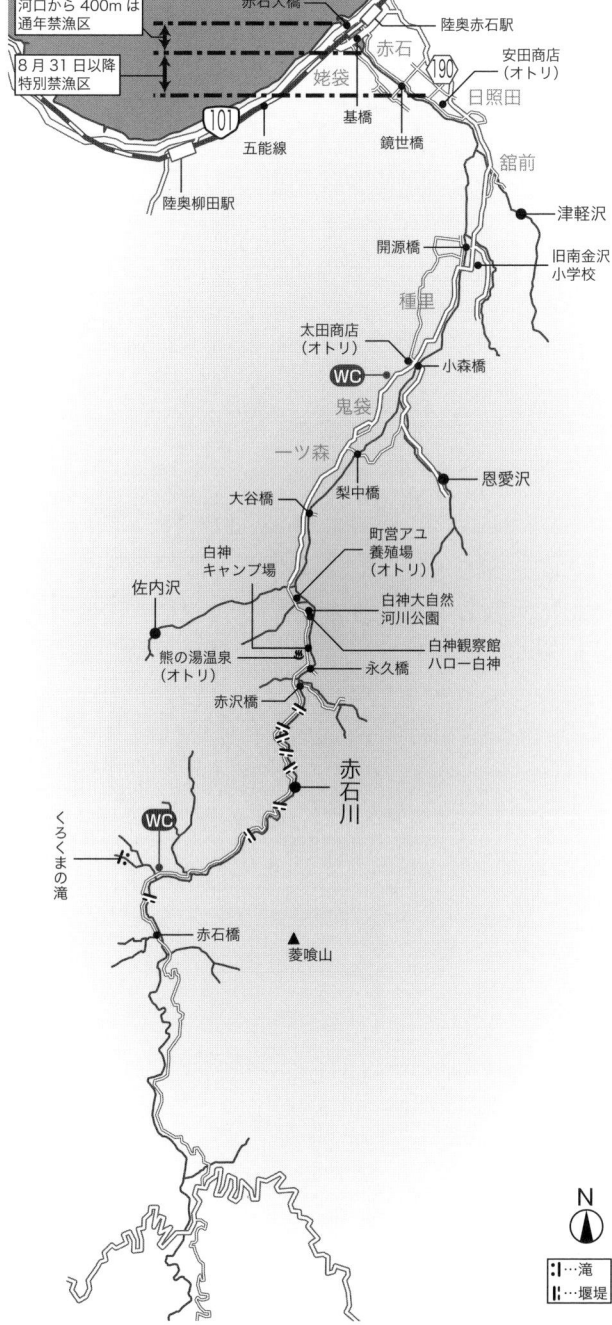

せいに集中攻撃される。あまりの痛さに気絶して川に倒れ込み、溺死寸前という事例が数年前にあったほどだ。お盆を過ぎると日に日に涼しくなり、ひと雨ごとにアブの数も減るので、その頃をねらいポッテリと成長した22～24cmのアユを手にするのも得策だ。上流域は道路と川の高低差が大きくなるので、入川には充分注意されたい。

以上、赤石川のアユ釣りをざっと紹介したが、河川道路がしっかりとあるので、川相を見ながら気に入った場所を選んでサオをだし、金アユとのやり取りを心ゆくまで楽しんでいただきたい（日照田）。

●青森県

追良瀬川
おいらせ

白神山地から流れる清流は極めて透明度の高い流れを誇る下流部から渓流相。青白い体色の「銀アユ」がソ上する

国道101号の橋より下流を望む。すぐに河口となる最下流域の流れ

水温が低い流れは体色の青白い銀アユを育む

　青森県には「おいらせ」と呼ばれる川が2つある。1つは太平洋へと注ぐ奥入瀬川、もう1つがここで取り上げる日本海へと注ぐ追良瀬川だ。青森県南西部、白神山地の中央から流れ出る清流で、極めて透明度の高い流れを誇る。他河川に比べて水温は低く、河口付近よりすぐに渓流相が始まる小河川だ。天然ソ上も豊富で、釣れるアユの体色は青白く、地元の釣り人には銀アユと称されている。

18

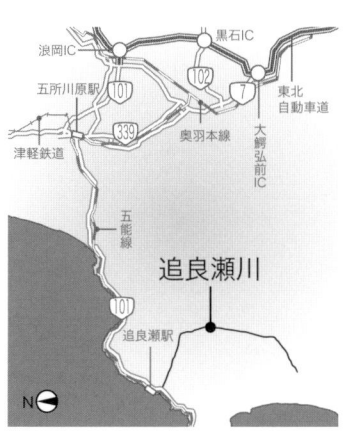

information

- 河川名　追良瀬川
- 釣り場位置　青森県西津軽郡深浦町
- 解禁期間　7月1日〜10月31日
- 遊漁料　日釣券500円・年券5000円
- 管轄漁協　追良瀬内水面漁業協同組合（Tel0173-74-3184）
- 最寄の遊漁券取扱所　追良瀬内水面漁業協同組合（Tel0173-74-3184）、福沢商店（Tel0173-74-2262）
- 交通　東北自動車道・浪岡ICを降り、国道101号経由で追良瀬川へ

●初期は放流魚の数釣り

海から300mも上がると川は渓流相で岩盤、大岩、淵が連続する流れとなる。角張った石が多く、イトが傷付きやすく仕掛けの消耗も激しいので注意されたい。

流れに沿って右岸に農道が走り、車中からでも川のようすをみて入川することができる。

水が冷たい川なので解禁直後は放流魚が主体となり型も小振りだが、泳がせ釣りで数が期待できる。7月も下旬になると、成長した天然ツ上が釣れだす。下流エリアは頭大の平坦なチャラ瀬、浅トロが続き、中流域では大岩の渓流相が始まる。少し絞り込まれた流れや、護岸テトラ、深トロなど変化に富んだ川相が続く。

見入山（みいりやま）観音堂付近や最終集落付近には駐車スペースもあり、入川しやすい人気ポイント。最終集落から先は悪路（砂利道）で、上流エリアへと続く。

中流域となる見入山観音堂付近の流れ。
絞り込まれた流れや、深トロなど変化に
富んだ川相が続く

中流、上流エリアの境辺りの川相。
7月も下旬になると、成長した天然
ソ上が釣れ出す

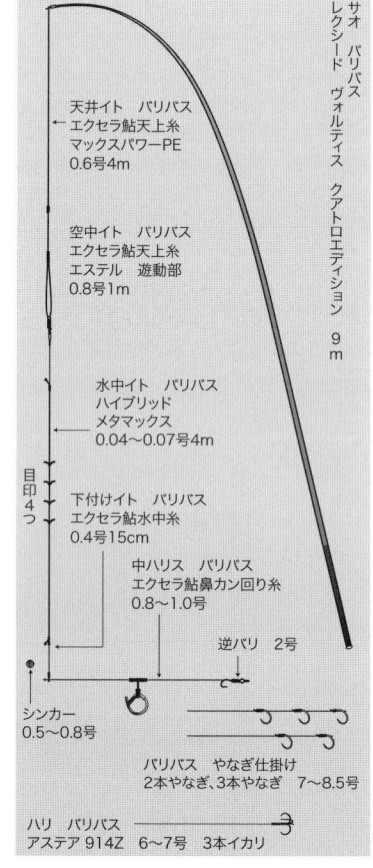

サオ　バリバス　レクシード　ヴォルティス　クアトロエディション　9m

天井イト　バリバス
エクセラ鮎天上糸
マックスパワーPE
0.6号4m

空中イト　バリバス
エクセラ鮎天上糸
エステル　遊動部
0.8号1m

水中イト　バリバス
ハイブリッド
メタマックス
0.04〜0.07号4m

目印4つ

下付けイト　バリバス
エクセラ鮎水中糸
0.4号15cm

中ハリス　バリバス
エクセラ鮎鼻カン回り糸
0.8〜1.0号

逆バリ　2号

シンカー
0.5〜0.8号

バリバス　やなぎ仕掛け
2本やなぎ、3本やなぎ　7〜8.5号

ハリ　バリバス
アステア 914Z　6〜7号　3本イカリ

20

漁協付近の川相。流れに沿って道が走るため川のようすをみて入川したい

上流エリアには砕石採取場があり、ダンプが出入りするので、すれ違う際は注意されたい。駐車スペースも限られた場所しかなく、一度エリアを下見してから入川することをおすすめする。

さらに、最近の豪雨による出水で小砂利や砂の流入も見られ、一見よい淵やトロに思えても、石が砂に埋まっていることも多いので、ポイント選びは慎重に行ないたい。特に上切堰堤より上流付近でその傾向が強く、見た目の割にアユの魚影は少ない。

● 上流は短ザオの釣りが楽しめる

最終の車止まで来ると淵、絞り込み、瀬が連続する流れとなる。川幅は10m前後なので、最近流行の短ザオの釣りも楽しみやすい。また、車止よりさらに上流にもアユはソ上しており、ビバーク釣行などで楽しむ釣り人の姿も見受けられる。ただし、ツキノワグマの生息地につき、装備は万全を期して臨

上流域となる上切堰堤下の流れ。川幅は10m前後となり短ザオが使いやすい

みたい。

また、7月下旬から8月末までは川全域でアブが大量発生する。朝晩はとてもまともに釣りができないので、少しでも数が減る日中の短時間勝負がおすすめだ。

マス類の多さも特徴の1つで、入れ掛かりの最中にアメマスなどが掛かることも多い。また、イカリバリに川虫が引っ掛かっていると、即イワナやヤマメが反応してくる。

釣り方だが、私はフリーテンションの上飛ばし泳がせで探ることが多く、瀬では止め泳がせ的な釣りも行なう。大好きなベタザオの引き釣りをセーブ気味にし、とにかく長時間泳がせてもオトリに負担がかからない軽めのイカリバリをチョイスし、数釣りに挑戦している。8月の盛期には、23〜24cmで成長したアユの強烈な引きも楽しめる。

最後に、追良瀬川は出水後の水引き、

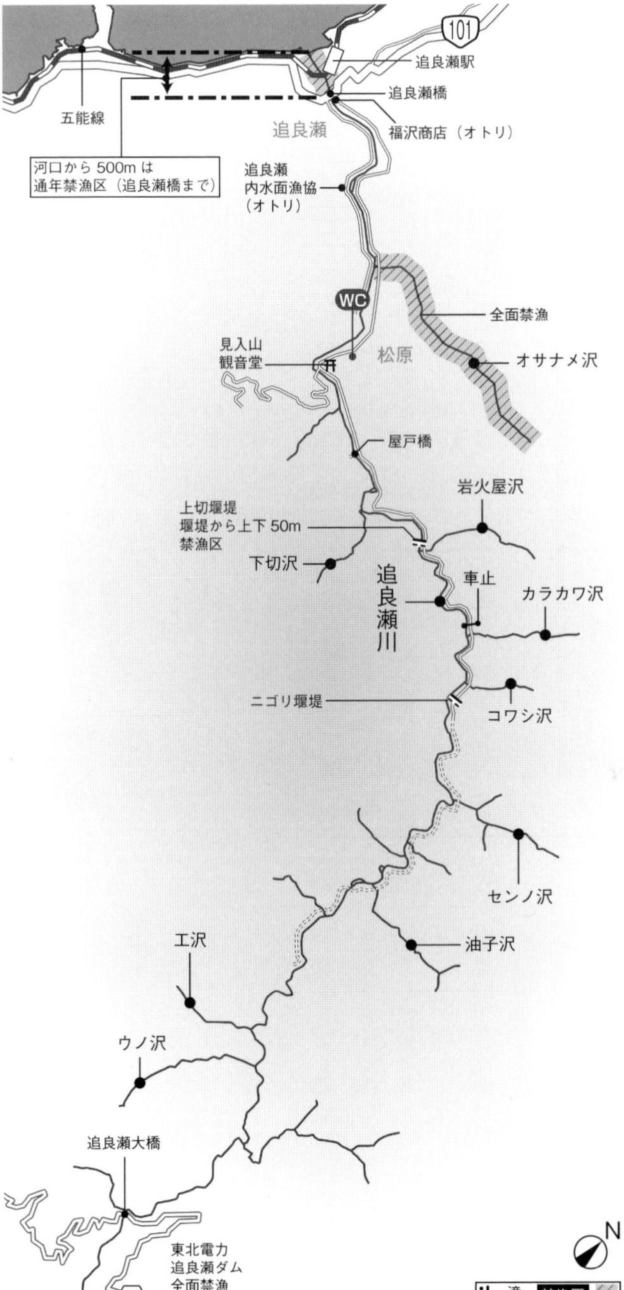

澄みが他河川よりも早い。雨後にどうしても早くアユ釣りがしたい時の逃げ場にもなるので、ぜひ銀アユに会いに釣行していただきたい（日照田）。

● 秋田県

米代川（中流部）

東北を代表する天然ソ上＆大アユ河川の1つ
王滝温泉を上限に中流部のおすすめポイントを紹介

秋田県3大河川の1つ、米代川は、東北全域でも5指に入る延長136kmの大河だ。県北を東西に流れ、南側からは小猿部川や一大支流の阿仁川、北側からは小坂川、下内川、岩瀬川、早口川、藤琴川などを合わせた後、日本海へ注いでいる。

アユ釣り場としての米代川の特徴は、なんといっても天然ソ上が豊富で大アユが釣れること。解禁当初の平均サイズは、天然ものが18〜20cm、放流もので15〜18cm。天然ものは大アユがよく掛かる年と数が出る年があるが、特に雪代が早期からたくさん出て、長く続くとその年は数も型も望めるといわれる。ちなみに2015年度は数・型ともにねらえる年になるのではと私は思っている。

ここでは王滝温泉付近を上限に、下流側から中流部のおすすめポイントを紹介したい。

●早口川合流点〜外川原橋上流

早口川は別頁で紹介しているが、その合流点から上流側に外川原橋を挟んでよいポイントが続いている。

外川原橋付近の流れは、両岸から釣りは可能だが、40mほどの川幅に対して2〜3mしか立ち込めないのでサオ抜けとなりやすい。橋の下流左岸側に駐車場、トイレ、東屋を備えた外川原河川公園があるので便利だ。ここでは

外川原橋から上流を望む。奥は巨大な中州で左岸側の急瀬がねらいめ。さらにその先で岩瀬川が合流する

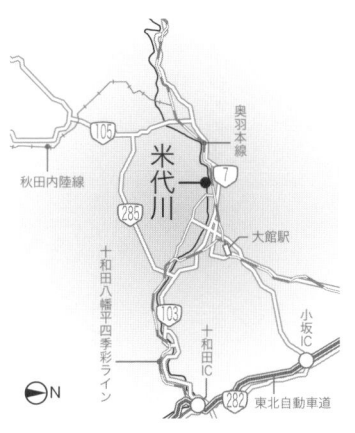

information

- ●河川名　米代川
- ●釣り場位置　秋田県大館市
- ●解禁期間　7月1日〜10月31日
- ●遊漁料　日釣券1000円・年券7000円
- ●管轄漁協　本書の紹介エリア内では、早口川合流〜外川原橋＝田代漁協（Tel 0186-54-2317）、扇田橋周辺〜王滝橋周辺＝比内町漁協（Tel 0186-52-2772）
- ●最寄の遊漁券取扱所　小笠原オトリ店（Tel 0186-54-2055）、たむら旅館（Tel 0186-55-0151）、カネヤ生花店（Tel 0186-55-3667）
- ●交通　東北自動車道・十和田ICを降り、国道103、7号を経由して米代川の中流部へ

毎年8月中旬に「大アユの里ふるさとまつり」も行なわれる。

川床は全体に砂利底だが、ところどころに岩盤と、昔の工事の名残と思われるコンクリート片が点在する。それらにアカが付き、アユが食むのでねらってみたい。ただしコンクリート片にはゴミも引っ掛かっているので、根掛かりしないように注意してオトリを操作したい。

橋の下流は急瀬から深トロが200〜300m続き、両方よいポイント。できればここでオトリを取りたい。深トロから早口川合流点までは早瀬で、右岸のテトラ周りをねらうのも面白い。橋上は深トロが100m強続き、その奥にある大きな中州の上が早瀬となる。中州の右岸は緩やかで泥が沈んでいるため釣りにならない。ねらいは左岸側の急瀬だ。この瀬は150mほど続く。

その上はまた深トロになり、100

● 扇田橋周辺

上流の扇田大橋と混同しないように注意。橋の上は、トロ瀬が続いた後、橋近くまで30mくらいのチャラ瀬となる。

橋の下流側は、右岸の橋近くの低い所に電線がある。釣りの最中にサオが触れる可能性があるので大変危険だ。充分な距離をとって近づかないように注意したい。

流れは腰くらいの水深の荒瀬が300mほど続く。この瀬は中流部でも一番の人気ポイントで、人も多いが数が期待できる釣り場だ。川沿いには新しい広い河川公園もありキャンプも可能。とても入川しやすいポイントで人気が高いのもうなずける。

mほどは釣りになるが、水深も出てきて深くなるため避けたほうが懸命だ。深場の上流で岩瀬川が合流している。

外川原橋より下流を望む。急瀬から深トロが200～300m続き、両方よいポイントだ

扇田橋下流の河原より流れを望む。腰ほどの荒瀬が300mほど続く人気ポイント

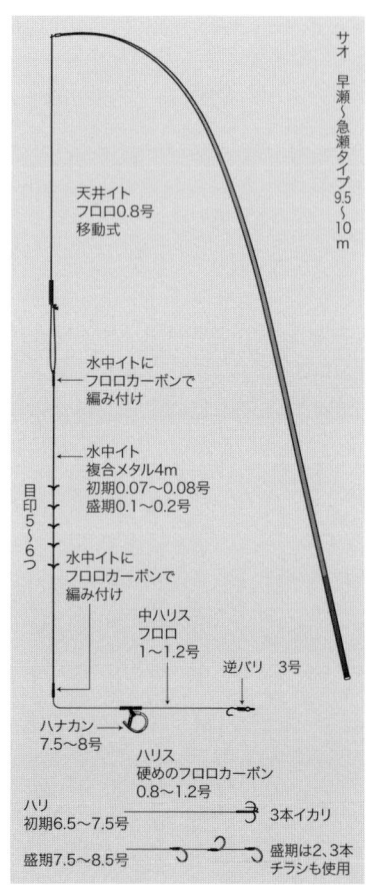

サオ 早瀬～急瀬タイプ 9.5～10m

天井イト
フロロ0.8号
移動式

水中イトに
フロロカーボンで
編み付け

水中イト
複合メタル4m
初期0.07～0.08号
盛期0.1～0.2号

目印5～6つ

水中イトに
フロロカーボンで
編み付け

中ハリス
フロロ
1～1.2号

逆バリ 3号

ハナカン
7.5～8号

ハリス
硬めのフロロカーボン
0.8～1.2号

ハリ
初期6.5～7.5号　3本イカリ
盛期7.5～8.5号　盛期は2、3本チラシも使用

● 曲田橋

橋の上下は瀬～トロ瀬。上流の岸際には溝の入った岩盤が点在する。ここで毎年尺アユが出る。また流れの真ん中付近が馬の背で200mほど続き、その先は深トロで、ここにも大きな岩盤が2、3個所ある。この岩盤にも大アユが付く。ただし木がせり出していてサオを立てて抜けない所があり、掛けたら一度流れを下がって取り込むしかない。

また、橋の上流200～300mの所で高圧線が川を渡っている。高さがあり、サオが直接触れる可能性はないと思うが、充分注意したい。

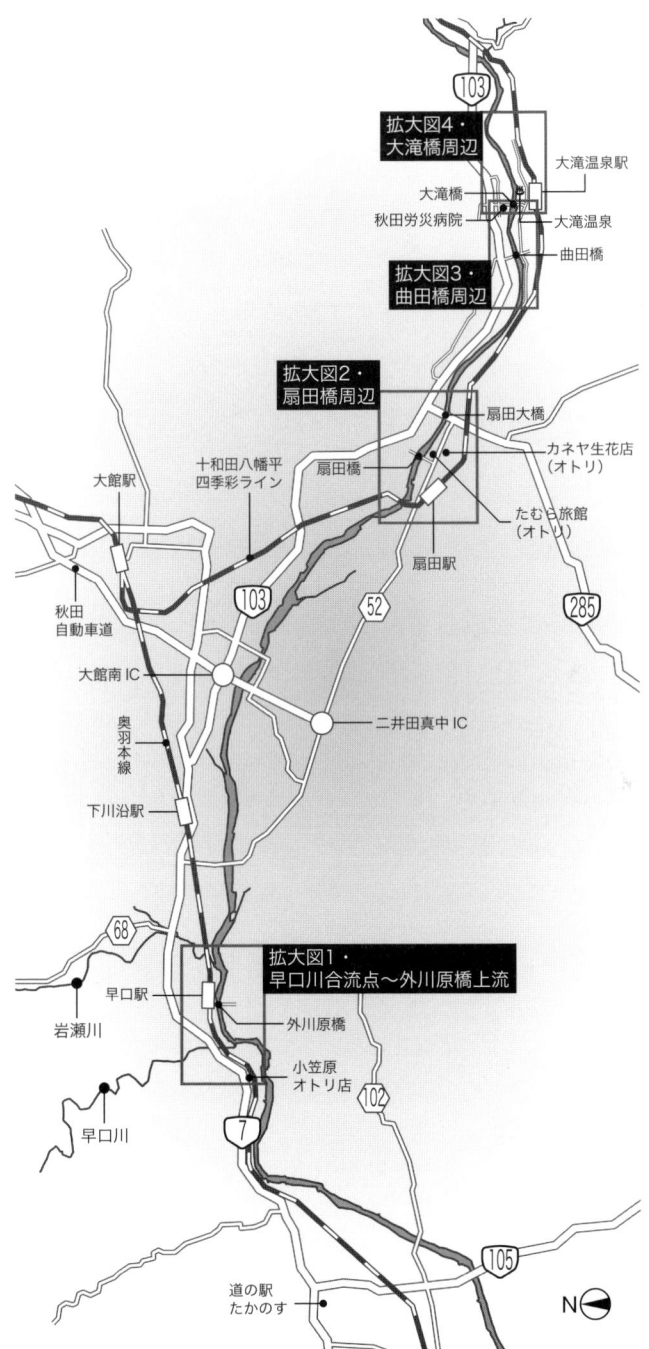

曲田橋から下流を望む。瀬が続いた後の岩盤がせり出している深トロがねらいめだ

扇田橋下流の川相。トロ瀬が続いた後、橋近くまでチャラ瀬となる

大滝橋たもとから下流を望む。300ｍほど続く瀬は玉石底に大きな石も入っておすすめ

大滝橋から上流を望む。よい石の入ったトロ瀬が続く

●大滝橋周辺

橋の下流部は瀬が300ｍほど続いた後に深トロになり、曲田橋上流の深トロとつながっている。瀬は玉石底に大きな石も入っていておすすめだ。

橋の上流側はトロ瀬が中心となり、こちらもよい石が入っているのでねらってみたい。

最後に、米代川で大アユを意識してねらうのならお盆過ぎをおすすめする。朝晩が少し涼しくなってくると、上流の花輪地区辺りから、一雨ごとに産卵を意識したアユが下ってくる。ただ、野アユの大きいのはオトリにすると底に沈んで張り付いたままだったり、逆に一気に泳ぎすぎたりしてコントロー

橋の下流側は瀬が100ｍほど続いた後、トロになり流れが右カーブしている。その下はトロ瀬から岩盤がせり出している深トロがある。橋下の瀬に入る人が多いがここもねらいめだ。

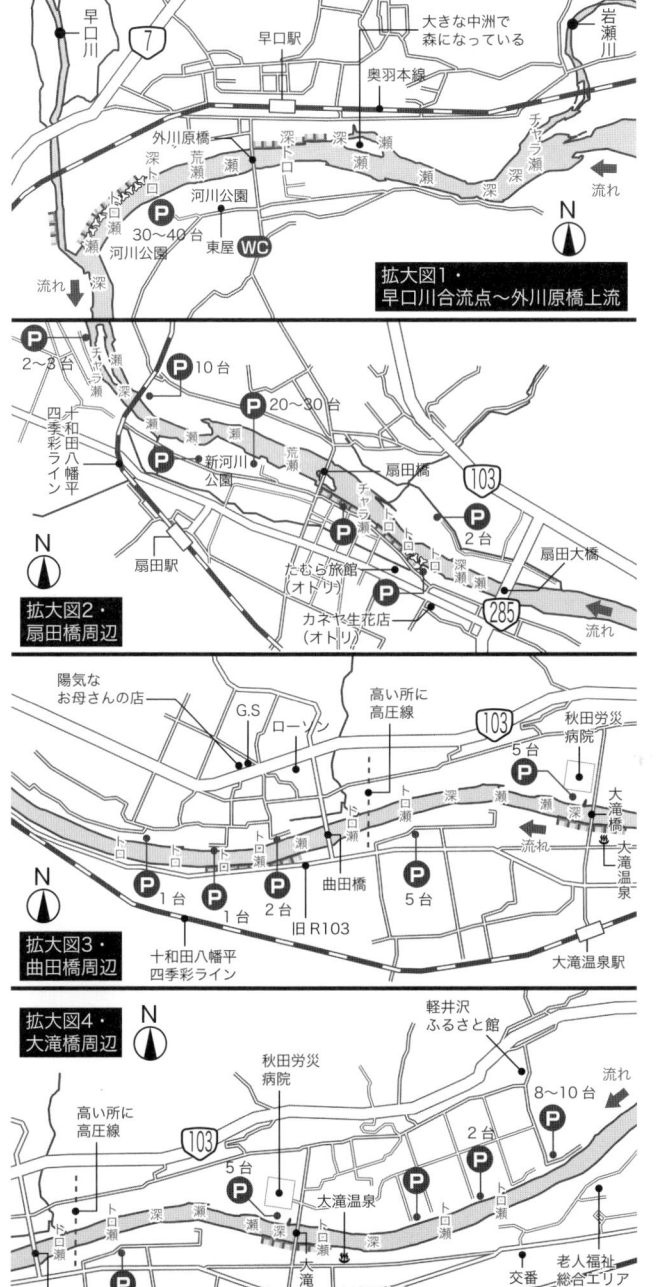

拡大図1・早口川合流点〜外川原橋上流

拡大図2・扇田橋周辺

拡大図3・曲田橋周辺

拡大図4・大滝橋周辺

ルが難しい。小さめのオトリでも大アユは掛かるので、大きすぎないサイズでローテーションしたい。
大アユを掛けた時は、抜くのは無理なので引き寄せで確実に取りたい。流れによってはサオがのされてまっすぐになってしまうので、くれぐれも気を抜くことのないように。水中イトやハリスも若干太めにしておきたい。瀬で掛けた時など、グンときて抵抗が消え、「あれ？」と思うとハリだけ持っていかれていることも多い。
時間帯は水温が上がる頃がよく、特に夕方は大アユが深場から出てきてアカを食むので見逃せない（谷地田）。

●秋田県

米代川（上流部）

インターチェンジから至近の天然ソ上大アユ釣り場
上流部から鹿角市河川漁協と比内町漁協のエリアを紹介

土深井地区の流れ。比内町漁協の管轄する最上流
となり、岩盤底の流れは大アユの実績がある

米代川の大アユ。過去には29.3cmまで手にできた

　米代川は秋田県北部を東西に流れる大河で、古くから天然ソ上の美アユや大アユのねらえる流れとして知られ、近年は関東圏から遠征する釣り人も増えた。サクラマスでも有名で、解禁と同時に大勢の釣り人で賑わいを見せる。ここでは米代川の最上流部にあたる、鹿角市河川漁協と比内町漁協が管轄す

information

- 河川名　米代川
- 釣り場位置　秋田県鹿角市
- 解禁期間　7月1日〜10月31日
- 遊漁料　日釣券1000円・年券1万円（鹿角市河川漁協）、日釣券1000円・年券7000円（比内町漁協）
- 管轄漁協　鹿角市河川漁業協同組合（Tel0186-35-2622）、比内町漁業協同組合（Tel0186-52-2772）
- 最寄の遊漁券取扱所　米代おとり店（小坂川方面。Tel0186-35-2476）
- 交通　東北自動車道・十和田ICを降り、国道103号で各ポイントへ

るエリアの一部を紹介したい。

漁区の境は、十和田八幡平四季彩ラインの土深井駅脇に流れ込む土深井川の合流点を基準に、上流が鹿角市河川漁協、下流が比内町漁協の管轄となる。

●土深井地区

比内町漁協管轄の最上流部で、岩盤底の流れは大アユの実績がある。東北自動車道・十和田ICから国道103号に入り、約5km下流へ進むと左から小さな川が流れ込んでいる。その川の手前を右折すると10台程度駐車できるスペースがある（国道から見える）。そこから川沿いに下がり1〜2分でポイントに着くが、目の前の流れは60〜70mある川幅の8割程度が岩盤底だ。注意したいのは所々にある岩盤の割れ目や隙間。中には背が立たないほどの深みもある。その割れ目や隙間がポイントになるのだが、大アユをねらうなら普段は探らないような場所にも的を

絞りたい。

具体的には岩盤の端から押しの強い瀬をねらおうとか、上流部で胸まで立ち込んで泳がせるなど、きくて24cm程度だったが、2014年は大2013年ではアベレージが25cmオーバーで、29・3cmまで手にできた。当然、寄せきれずにバラしたアユも多く、地元の人の話では33cmまで出ているとのこと。岩盤地帯の上を探ったこともあるが、数は出るものの22〜24cmと中途半端なサイズだった気がする。尺オーバーをねらうなら、やはり岩盤地帯がおすすめだが、危険を伴うので初心者は控えたほうが無難だ。

●採石場上流

鹿角市河川漁協管内の流れとなる。十和田ICから国道103号を約2km下流に進み、3つめの橋（末広橋）を過ぎたらすぐ右折して広めの農道に入り、道なりに進むと川に一番近づく。その

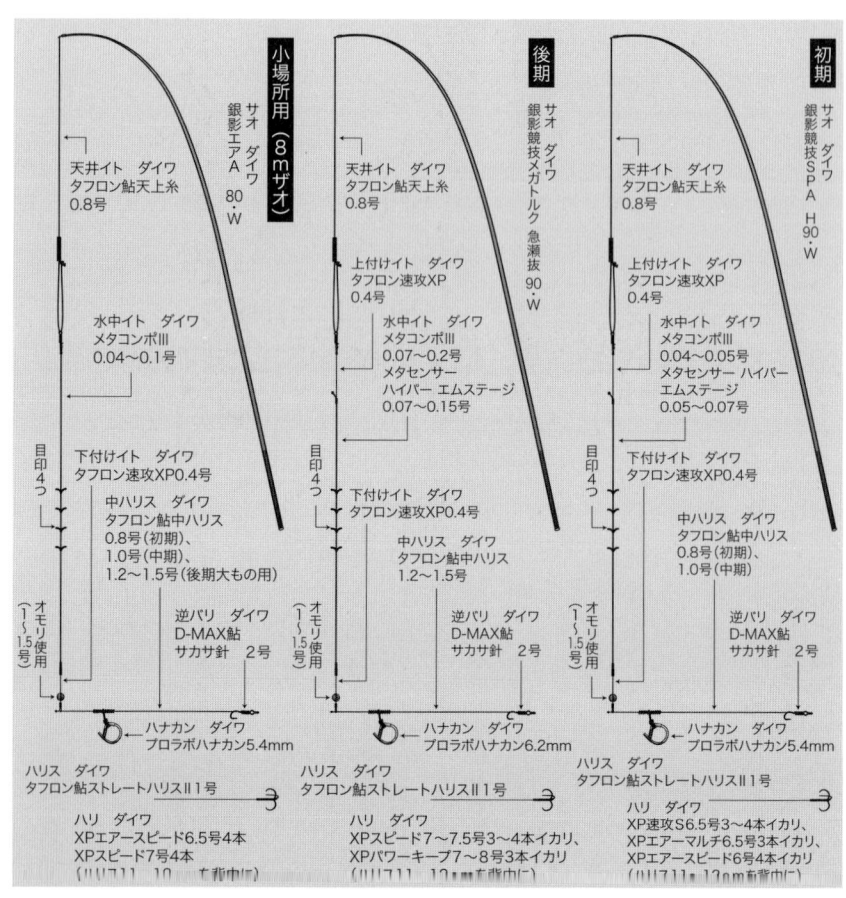

前がポイントで、道路脇に10台程度駐車スペースがある。

比較的浅い流れで、瀬肩から上のトロ場にかけてがねらいめとなる。流れの中央が一番深く胸ほどで、足首程度だがアユは釣れる。トロ場でも波立っている所や右岸側の際など、変化のある流れを探りたい。ポイントは広く20人ほどがサオをだせる。瀬肩から下は押しが強いので、流れに馴れた人にはおすすめだ。サオ抜けしやすく大当たりの可能性が高い。

● **十和田IC付近**

インターから左折し、2つめの橋（石野橋）を渡り、すぐに川沿いの道へと入り上流側へ数百m走ると川に降りる道があるが、4WD車以外は一番奥まで行かないほうが無難。目の前は長い瀬の流れで、瀬釣り好きには最高のポイントだ。

瀬が連続する川相となり、基本は瀬

岩盤の割れ目や隙間に潜む大アユをねらう土深井地区は、初心者には向かない流れだ

土深井地区の入川口より上流の川相。60〜70mある川幅の8割程度が岩盤底だ

採石場上流の駐車スペースより流れを望む。比較的浅い瀬の流れが続く

十和田IC付近の入川口から下流の流れを見る。瀬が連続する川相となる

●支流・小坂川

本流が釣りにならない時の逃げ場所として小坂川を紹介する。私が好んで行くポイントは、大湯川との合流点から100mほど上流だ。

アクセスは十和田ICから右折で国道103号へ入り、約1kmで左折し国道282号を小坂方面へ。1km弱進んだ所で左折して県道313号の狭い道を通り抜け橋を渡ったら、川沿いを下流側に進む。約400mの所に3台くらいの駐車スペースがある。

その途中にも何個所か駐車スペースはあるが、できれば目的地まで進んで

肩周りから順次釣り下るとよい。入りやすいポイントなので釣り人の姿が絶えないが、川幅が50m以上あるので違う筋をねらえば問題ない。ただし、混雑していても比較的安定した釣果が得られるが、釣れない時は粘らないで移動したい。

34

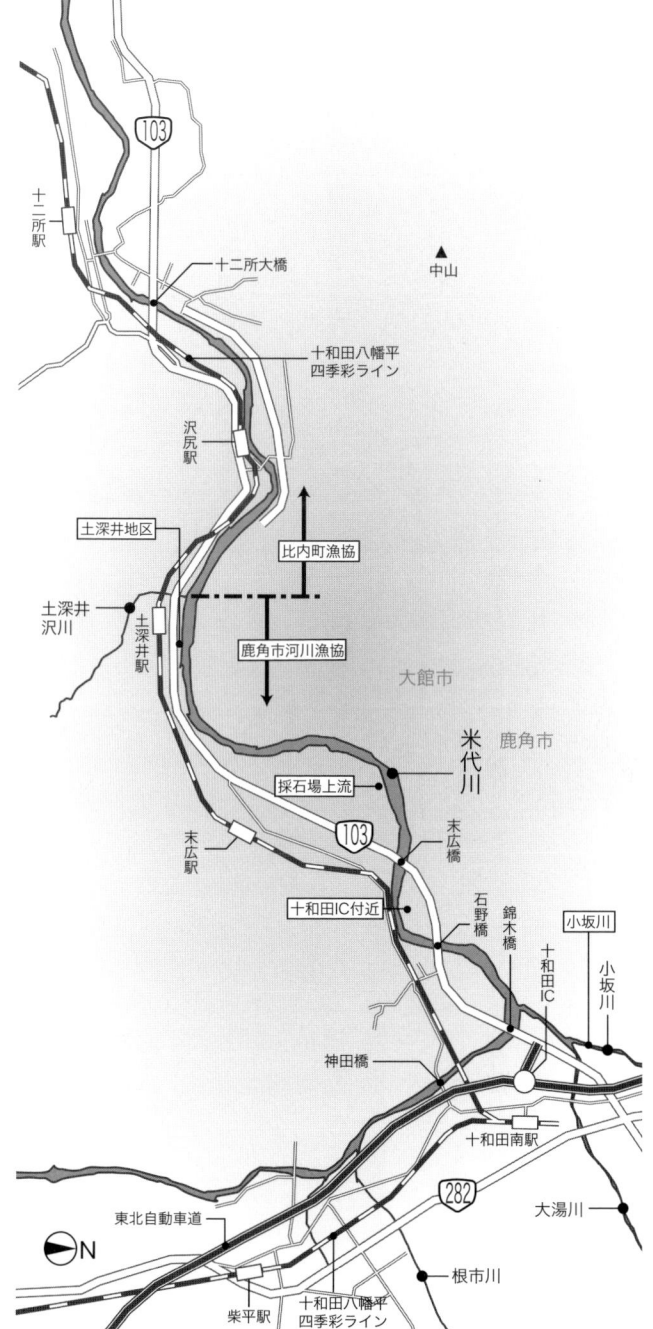

もらいたい。入川場所は対岸となり、川切りしやすい股下から腰程度の深さの流れがあるからだ。対岸へ渡ると右岸側には大石の点在する流れが、下には大湯川との合流点が見える。

数年前に釣行した際、本流は水位が高く釣りにならなかったが、このポイントで大釣りした経験がある。上側の大石周りでポツポツ、そこから釣り下って合流点のすぐ上で入れ掛かりになった。左岸側に立ち右岸を流すのだが、最初は手前の浅い流れ、順番に右岸際を探っての結果だった。その後も何度か足を運んだが、無難に釣れるポイントとして頭に入っている（大里）。

秋田県

藤琴川(ふじこと)

朝は渓流、昼はアユ、夕方は両方楽しめる欲張り河川
9寸前後を頭に良型がねらえる米代川の支流

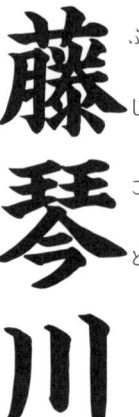

藤琴橋から上流を望む。奥の合流は左側が粕毛川、右側が藤琴川の流れだ

藤琴川は、南流して米代川に合流する主だった支流の中では最も下流側に位置する。世界遺産に登録された白神山地に源を発し、素波里ダムを擁する粕毛川を右岸から合わせた後、ほどなく米代川へと注いでいる。

素波里ダムからの放水の影響により、粕毛川合流点から下流は水が少し白っぽく濁っている。合流点から上流の藤琴川はクリアな流れだ。

藤琴川はアユ以上に渓流釣りでよく知られた川で、アユ釣りをしていてヤマメが掛かってくることもある。両方好きな人は朝夕をヤマメ釣りに、日中

川床は、粕毛川合流点から下流は小石底が多い。上流は砂利底から1m前後の大石がボコボコ水面から頭を出している個所もある。アユの型は解禁当初で15〜20cm、季節が進むほど大きくなり、尺は出ないが27、28cmまでの声は聞かれる。数はあまり期待できないので、ねらった瀬を一通り釣ったら次の瀬に移動したり、泊まりで釣るなら

藤琴橋下流側を望む。おすすめは右岸川の荒瀬

をアユ釣りにあててダブルヘッダーを組むことも可能だ。

ポイントを上手にローテーションするとよい。その割りに釣り場としての人気は意外に高く、シーズン中の流れにはいつも人が入っている。

また、8月に入って水量が減ってくると、水勢のある粕毛川に入る人が多い。白濁りの流れだがアユは水量が多いほうに上るため、濁っていても問題なく釣れるので、覚えておくとよい。

ここでは粕毛川合流下の藤琴橋と上流の坊中橋、さらにその間にある名前のない橋周辺の釣り場を紹介したい。

●藤琴橋周辺（粕毛川合流点）

川幅は30mほどで駐車スペースもあり、人気の高い1級ポイント。橋下から中州が伸び、右岸側は荒瀬、左岸側はトロ瀬。流れが1つになると全体がトロ瀬になり、さらにその奥には樹木が密集する巨大な中州が控えている。この中州の両側の流れはともに瀬で、中州の終わりで合流するとトロになる。

橋下の流れは、平水時なら全体に歩くことが可能だ。おすすめは右岸側の荒瀬。荒瀬といっても押しはそれほど強くなく、ソフトボールからスイカ大の玉石底で、アカが豊富に付く。

橋の上流側は、下流と同じように下から中州が伸びている。右上写真の奥に見えるのが粕毛川との合流点で、右側の藤琴川のクリアな流れと、左側の粕毛川の白っぽい流れが藤琴橋に近づくにつれてうっすらと混ざってくる。

川相は合流点が深瀬で、その払い出しがトロ瀬となり橋下まで続いている。そのトロ瀬一帯がポイントだ。

釣り方だが、トロ瀬はやはり泳がせ釣りに軍配が上がる。橋下流側の荒瀬は、オトリの元気さに応じて背バリを打ったりオモリを使ったりするとよい。オモリは水量にも応じて、私の場合は2.5号くらいまで使うことがある。そしてしっかりとオトリを沈めてやることだ。

●名前のない橋〜坊中橋周辺

藤琴橋から県道317号を上流に進

---

information

- 河川名　米代川水系藤琴川
- 釣り場位置　秋田県山本郡藤里町
- 解禁期間　7月1日〜10月31日
- 遊漁料　日釣券1000円・年券6000円
- 管轄漁協　粕毛漁業協同組合（Tel0185-79-2424）
- 最寄の遊漁券取扱所　米代川合流点から上流側の道路沿いに多数あり
- 交通　東北自動車道・十和田ICを降り、国道103、7号を経由し県道317号に入り藤琴川へ

むと、約3.5kmで道端に「一の渡」という小さな標識が立っている。その脇に、一の渡地区へ至る名前のないコンクリートの橋が架かっている。

橋の下流側は、瀬から流れが急カーブする手前で急瀬となり、その払い出しからはまた長い瀬になっている。墓地前の流れからサオをだしてガードレールのあるコンクリート護岸側の流れの芯をねらうとよい。

橋の上流側は、約1km上流の坊中橋の先まで延々と瀬が続いている。川幅は20mほどで、水深は深い所で1mくらい。大きな石もあり、変化に富んだ流れでどこに入ってもアユが掛かる好ポイントだ。よさそうな石を見つけたらその周りを泳がせたり、止めたりするとすぐに反応が出る。

最後に、オトリ店は下流から上がってくる途中にたくさんあるので見つけるのに苦労しないと思う（谷地田）。

坊中橋より下流を望む。大きな石もあり変化に富んだ瀬はどこに入ってもアユが掛かる

坊中橋から上流を望む。渇水すると中州が出てくる

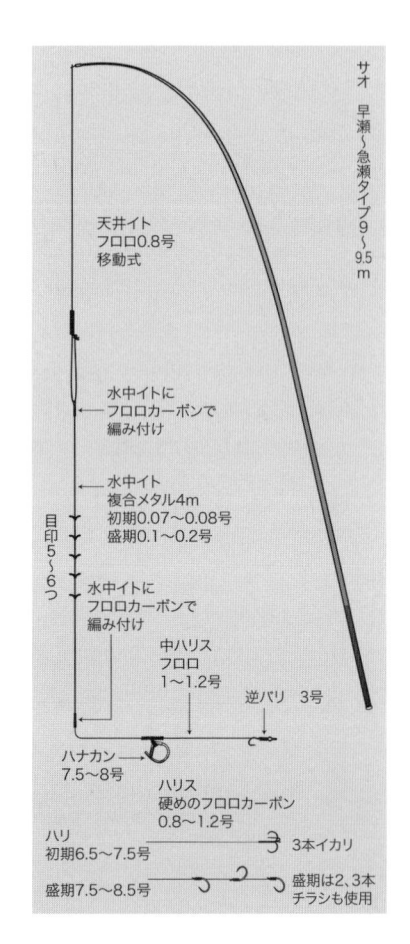

サオ　早瀬〜急瀬タイプ9〜9.5m

天井イト
フロロ0.8号
移動式

水中イトに
フロロカーボンで
編み付け

水中イト
複合メタル4m
初期0.07〜0.08号
盛期0.1〜0.2号

目印5〜6つ

水中イトに
フロロカーボンで
編み付け

中ハリス
フロロ
1〜1.2号

逆バリ　3号

ハナカン
7.5〜8号

ハリス
硬めのフロロカーボン
0.8〜1.2号

ハリ
初期6.5〜7.5号
盛期7.5〜8.5号

3本イカリ

盛期は2、3本
チラシも使用

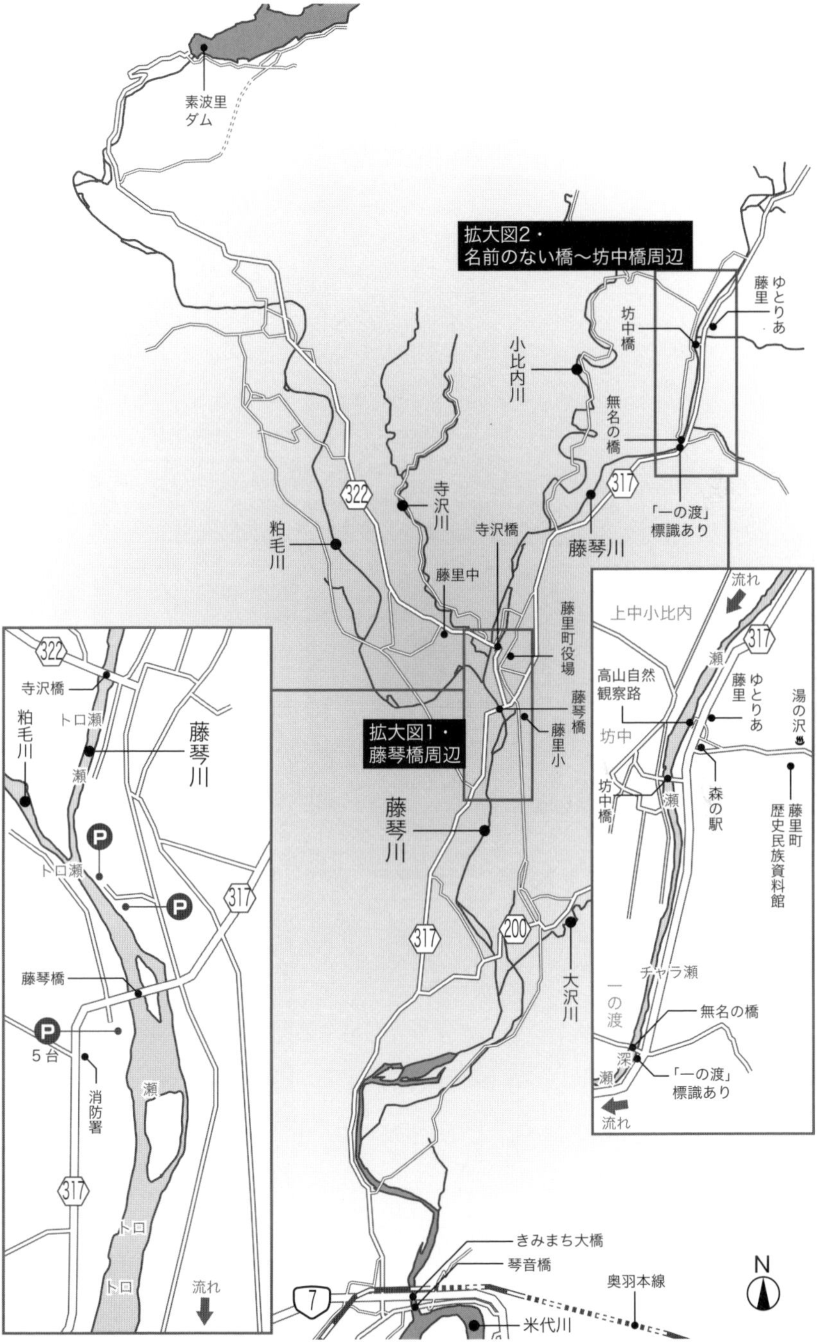
素波里
ダム
拡大図2・
名前のない橋～坊中橋周辺
ゆとりあ
藤里
坊中橋
小比内川
無名の橋
317
「一の渡」
標識あり
寺沢川
322
粕毛川
寺沢橋
藤琴川
藤里中
藤里町役場
藤琴橋
藤里小
拡大図1・
藤琴橋周辺
藤琴川
317
200
大沢川
きみまち大橋
琴音橋
7
奥羽本線
米代川
N
322
寺沢橋
トロ瀬
粕毛川
藤琴川
瀬
P
トロ瀬
P
317
藤琴橋
P
5台
消防署
瀬
317
トロ
トロ
流れ
流れ
上中小比内
317
瀬
高山自然
観察路
藤里
ゆとりあ
湯の沢
坊中
坊中橋
瀬
森の駅
藤里町
歴史民族資料館
チャラ瀬
一の渡
無名の橋
深
瀬
「一の渡」
標識あり
流れ

●秋田県

阿仁川(あに)

米代川の最大支流。比立内地区まで好ポイントが連続
支流とは思えないスケールの流れで天然ソ上アユを堪能

白坂周辺ポイントA（白坂下）。中州を挟んで右岸と左岸どちらもねらいめの流れ

7月に白坂周辺で釣ったアユ。泳がせ釣りで数が期待できる

　阿仁川は秋田県北部を流下する米代川最大の支流。マタギの里として知られる奥阿仁から流れ出る打当川と比立内川が合流して阿仁川となり、秋田内陸線、国道１０５号と並行して北流する。さらに森吉山麓を源とする小又川、小阿仁川などの支流を合わせ、能代市下田平地区で米代川と合流する。
　アユ釣りが楽しめるのは米代川の合流から最上流部は比立内地区までの全区間の流れで、至る所で好ポイントを形成している。なかでも中上流は良型で美味なアユが釣れると訪れる釣り人

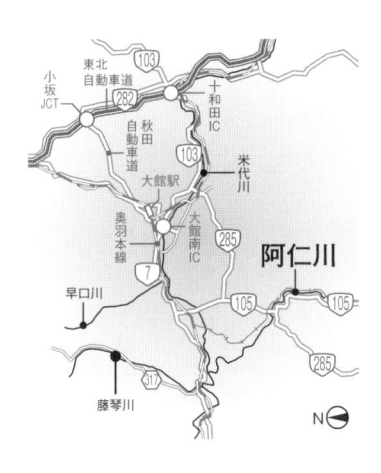

information

- 河川名　米代川水系阿仁川
- 釣り場位置　秋田県北秋田市
- 解禁期間　7月1日〜10月15日
- 遊漁料　日釣券 1500円、年券 8000円
- 管轄漁協　阿仁川漁業協同組合（Tel0186-72-4540）
- 最寄の遊漁券取扱所　キクチおとり店（Tel090-7324-5573）、あゆっこ（Tel0186-72-3265）
- 交通　東北自動車道・十和田ICを降り、国道103、285、105号利用で阿仁川へ

　も多い。

　アユ釣りの解禁期間は7月1日から10月15日までで、ほとんどが天然ソ上。放流は阿仁川漁協管轄の本流と支流の小又川、小阿仁川を含めて400kg程度と義務放流の域を出ない数量である。したがって好不釣は天然ソ上の善し悪しにかかっている。

　ソ上の早いシーズンでは例年7月10日前後からが盛期となる。ソ上が多いと型が小さくなり、少ないと良型が期待できる傾向も天然ソ上河川ならではだ。サイズだが最上流域の大きいもので28cmほど。中流域のアベレージサイズは17〜22cmとなる。

　中流域の人気ポイントは、まず根小屋堰堤下周辺から始まり白坂地区、大渕、桂瀬、阿仁前田地区周辺へと遡る。瀬、トロ、チャラ、急瀬とバラエティーに富んだ流れが途切れることなく続く。上流に行くに従い底石も大きくなり、エサとなるコケ類も良質で量も豊

富なため、体高のある見事なアユへと成長する。

阿仁前田で支流の小又川と合流するが、小又川は近年森吉山ダムが建設され、ポイントは4kmほどと短くなった。しかし背の盛り上がった大アユが釣れると根強いファンも多い。

小又川合流から上流域は、白岩から始まり五味堀地区、大岱、吉田、湯口内、阿仁合地区とポイントが続く。なかでも白岩、大岱地区は束釣り連発の数釣りの楽しめる流れだ。

川相は中流域と基本的には変わらないが、水量は半分ほどに減る。水はきれいで水質もよく、良型美味アユの好釣り場として人気が高い。中上流域はどこの釣り場も見通しよく比較的入川しやすいうえ、解禁から終期まで安定した釣果が期待できる。

阿仁合地区から荒瀬、萱草、伏影、笑内（おかしない）、鳥坂、岩野目、幸屋渡（こうやわたり）と続く流れは、比立内でアユ釣りの上限を迎

白坂周辺ポイントB（通称ババヘラ）。平瀬では泳がせで数が稼げる

白坂周辺ポイントC（白坂上）。流れが3本に分かれて瀬からザラ瀬、トロ、急瀬と続く

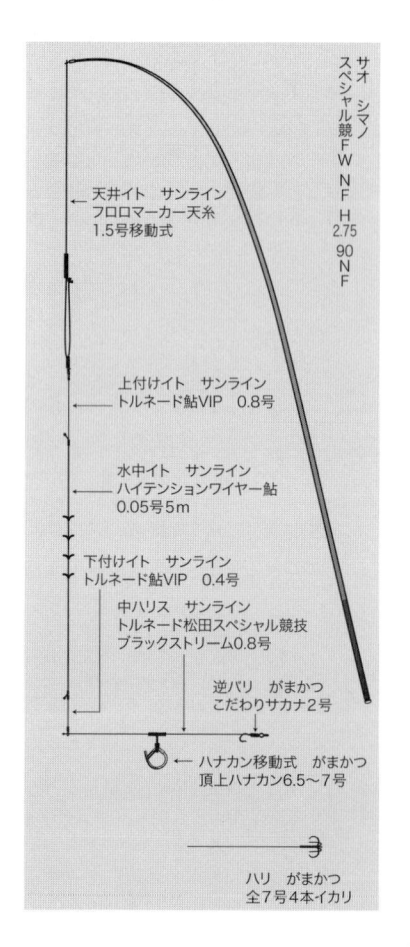

サオ　シマノ
スペシャル競FWNFH 2.75 90NF

天井イト　サンライン
フロロマーカー天糸
1.5号移動式

上付けイト　サンライン
トルネード鮎VIP　0.8号

水中イト　サンライン
ハイテンションワイヤー鮎
0.05号5m

下付けイト　サンライン
トルネード鮎VIP　0.4号

中ハリス　サンライン
トルネード松田スペシャル競技
ブラックストリーム0.8号

逆バリ　がまかつ
こだわりサカナ2号

ハナカン移動式　がまかつ
頂上ハナカン6.5〜7号

ハリ　がまかつ
全7号4本イカリ

える。深い渓谷と原生の森に囲まれた流れで、中流域より一回りも二回りも大型のアユが釣れる。

原生自然の真っ只中での大きく美しいアユとの出会いは、まさに阿仁川の醍醐味でもある。ただし、夏場はメジロアブの猛襲と、深い渓谷のため入川口が分かりづらいのが難点だ。クマと

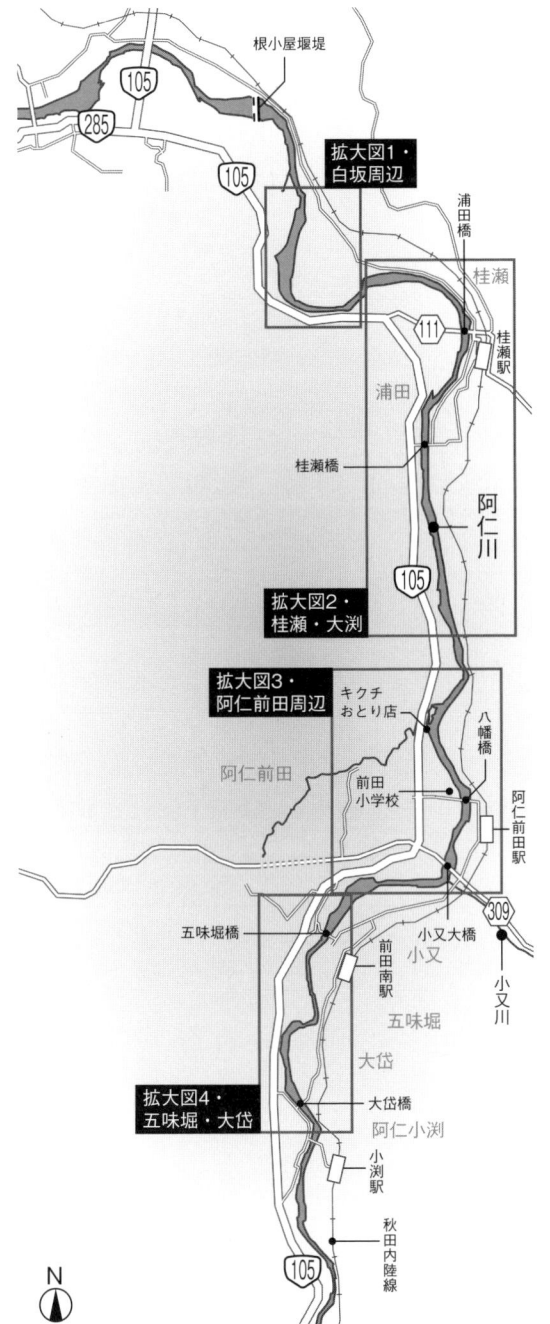

桂瀬・大渕周辺ポイントA（大渕地区）の浦田橋から下流を望む

桂瀬・大渕周辺ポイントB（桂瀬地区）の桂瀬橋から下流を望む

阿仁前田周辺ポイントAにある
「キクチおとり店」前の流れ

桂瀬・大渕周辺ポイントCの通称・
砕石場下。瀬の流れを望む

阿仁前田周辺ポイントC（阿仁前田河川敷公園の前）。
八幡橋まで瀬が続く流れだ

阿仁前田周辺ポイントB（阿仁前田小学校前）に
架かる八幡橋から下流を望む

● 根小屋堰堤下

　米内沢地区根小屋に幅100mほどの堰堤がある。この堰堤を越すとポイントが連続するが、その一番の玄関口がこの堰堤下だ。600mほど瀬、ザラ瀬が続く。解禁当初よりはむしろ終盤におすすめ。型は堰堤上よりは一回り小振りだが数が期待できる。堰堤前後100mは禁漁区域となっているので注意されたい。

● 白坂周辺

　根小屋堰堤を越して最初のポイント。白坂集落を囲むように川が大きく蛇行している。ポイントはA（白坂下）、B（通称ババヘラ）、C（白坂上）の3個所に分かれる。Aは中州を挟んで右岸と左岸どちらもねらいめで、下の平瀬の瀬肩から急瀬にかけてと、右岸

の遭遇もまれな話ではなく、経験者との同行をおすすめする。

44

がおすすめだ。

瀬肩と平瀬は泳がせ釣りで数が出る。釣れるアユはアベレージサイズからやや小振りの型となるが、大釣りが期待できる。左岸の大きな岩が大蛇鼻で、型の大釣りも期待できる。中流域とは思えない大型が掛かる侮れないポイントだ。

この下左岸にある護岸も好ポイント。Bは平瀬からの絞り込みをねらいたい。平瀬では泳がせで数が稼げる。Cは流れが3本に別れて瀬からザラ瀬、トロ、急瀬と続く。急瀬は渇水時に良

拡大図1・白坂周辺

拡大図2・桂瀬・大渕

● 桂瀬・大渕周辺

ポイントA（大渕地区）はガンガン瀬からトロ場が続く。トロ場と瀬肩は数が期待できる。夏場の渇水時は右岸がねらいめだ。ガンガン瀬で掛かると面白いが数は出ない。釣果にムラがある流れだが、不釣とみて釣り人が遠のくと爆釣したりするのもこの場所の特徴だ。

ポイントB（桂瀬地区）は浅トロから平瀬、急瀬と続く好ポイント。上の浄水場下から下流のブロック際の急瀬を探りたい。シーズンを通して釣果が期待できる。上の浅トロは型が小さく、下の急瀬は良型が出る。

ポイントCは通称・砕石場下と呼ばれ、流れが2本に分かれて中州になっている。入川口は堤防から少し急な細

五味堀・大岱周辺ポイントAの五味堀地区の流れ

阿仁前田周辺ポイントD。小又川合流上の白岩を望む

五味堀・大岱周辺ポイントC。大岱橋から下流の流れ

五味堀・大岱周辺ポイントB。大岱ポンプ小屋周辺の川相

●阿仁前田周辺

阿仁川のメインスポット。ポイントAは上下流にある淵がアユの補給場所となり釣り返しが利く。ほかで釣れなかった時は、ここで数合わせも可能だ。型もアベレージサイズで揃う。

この辺りから底石も一回り大きくなり、トロ、チャラ、急瀬、平瀬と変化に富んだ流れが続く。中州を挟んで川幅も広くなり多くの釣り人がサオを出せる。左岸にキクチおとり店があるので便利なポイントだ。

ポイントB（阿仁前田小学校前）は、両岸どちらも好ポイントだが、右岸の浄水場前がねらいめ。深トロを泳がせると思わぬ大型が出る。八幡橋を挟ん

い踏みつけ道があるので容易に分かるが、入りやすいポイントは常に場荒れが激しい。中州を挟んだ左岸側のヤナ場筋がねらいめで、終盤には大釣りもある。型はアベレージサイズだ。

46

で上下の瀬では数が期待できる。橋下は釣りづらいためサオ抜けになりやすくアユが残っている。

ポイントC（阿仁前田河川敷公園の前）は小又大橋から八幡橋まで瀬が続く。ポイントDは小又川合流からすぐ上、3本に分流し、瀬とチャラ瀬、岩盤が続く。土手沿いに桜並木が続き、土手下がすぐポイントだ。入川も楽で川相もほどよい石が入って釣りやすく、人気がある。型はアベレージサイズで数も出る。過去には119尾を釣った方もいる。

●五味堀・大岱周辺

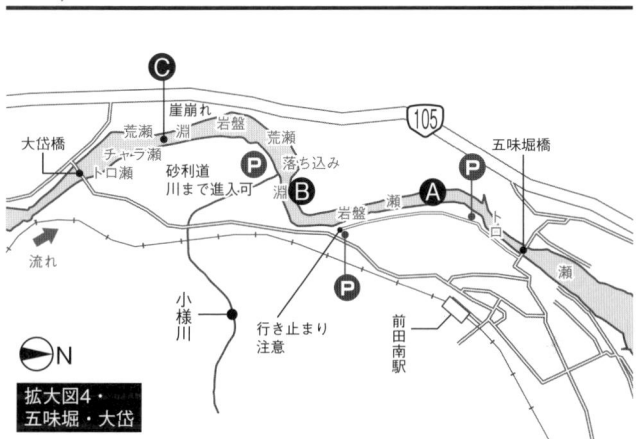

ポイントAは五味堀橋から上、岩盤が連なり、その合間に石が入っている所がねらいめだ。型もよく数が出る1級ポイントだ。

ポイントB、Cは大岱橋から下流の流れ。左岸のヤナ場筋の瀬、浅トロを探りたい。左岸の崖崩れした辺りから流れが右に蛇行し、左岸の岩盤、大淵前の瀬などもねらいめとなる。束釣りが数回出ている爆釣ポイントだ。

さらに続く落ち込みから大淵下の小様（こざま）川合流付近の瀬も、少人数しか入れないのがおすすめだ。

最後に、キクチおとり店のHPではシーズン中毎日、水況、釣果情報など詳しく更新しているので、釣行の際に役立ててほしい（菊地）。

●秋田県

小阿仁川(こあに)

米代川と一大支流・阿仁川の陰に隠れた小規模河川
増水時の逃げ場としていざという時は「切り札」の川に

上流部に位置する萩形ダム以遠が渓流の好釣り場として知られる小阿仁川は、アユの河川としては、全国区の米代川本流とその一大支流である阿仁川の陰にひっそりと隠れた存在だ。川幅は平均7m前後で（もっと広い場所もあるが、さらに狭い所もある）、地元の人を中心に楽しまれている川である。釣れるアユは阿仁川の支流なので天然がソ上する。サイズは解禁初期で15〜18cm、最盛期で22〜23cmといったところ。上流に行けばサイズは上がるが、そのぶん数は出なくなる。

小阿仁川がその価値を発揮するのは、米代川本流や阿仁川が降雨などで増水して釣りにならない時だ。上流部の萩形ダムは春に満水を迎えると、よほどの大雨が降らない限り、一定量以上の放水をしない。また、前記したとおり川の規模も大きくないので水位変動が少なく、濁りに強いという特徴がある。したがって、お天気の日に入川してもよいが、本流が増水した時の逃げ場として押さえておくと非常に心強い。

地理的にも、阿仁川の阿仁前田から県道214号を利用すれば20分前後で小阿仁川に出られるので覚えておくとよい。また、一日中粘るほどの川でもないので、状況をうかがいながら阿仁川に戻る時にも便利だ。

釣り場は、阿仁川合流点から県道24号沿いの流域と、その先は国道285号に沿って上流に続いている。萩形ダムに向かう県道129号の分岐辺りまでを一応の目安と考えればよいだろう。流れは全体に浅いトロやチャラ瀬が多い。その中から、少しでも水が動いているよい瀬を見つけて入ると、そこそこ数も出る。ここでは特に、私が増水時の逃げ場にしている、とっておき

information

- 河川名　米代川水系阿仁川支流小阿仁川
- 釣り場位置　秋田県北秋田郡上小阿仁村〜北秋田市
- 解禁期間　7月1日〜10月15日
- 遊漁料　日釣券1500円、年券8000円
- 管轄漁協　阿仁川漁業協同組合 (Tel0186-72-4540)
- 最寄の遊漁券取扱所　あゆっこ (Tel 0186-72-3265)
- 交通　東北自動車道・十和田ICを降り、国道103、285、105、県道3号利用で小阿仁川下流部へ

落合橋より下流を望む。少し増水した状態だが濁りも少なく、米代川や阿仁川でサオがだせない時の逃げ場となる

●落合橋周辺

阿仁川本流から600mほど上流に架かる落合橋前後のトロ瀬をねらう。上の写真は少し増水した状態だが、それでも一見してアユ釣りのポイントには思えないかもしれない。ところがこの橋の前後は流れの両岸が小さなコンクリートブロックで護岸され、それが延々と続いている。このコンクリートに付くアカを食むアユをねらうのだ。

次頁の写真でも護岸の一部が水面上に出ているが、平水時はさらにはっきりと見えるので分かりやすい。また、崩れたコンクリートも流れの所々にあり、その周りもポイントになる。

釣り方のコツだが、アユの好きに泳がせるとコンクリートブロックの間に入ってトラブルになる可能性もあるので、止めて釣るという感じがよい。そこに野アユがいればすぐに反応がある

のピンスポットを紹介したい。

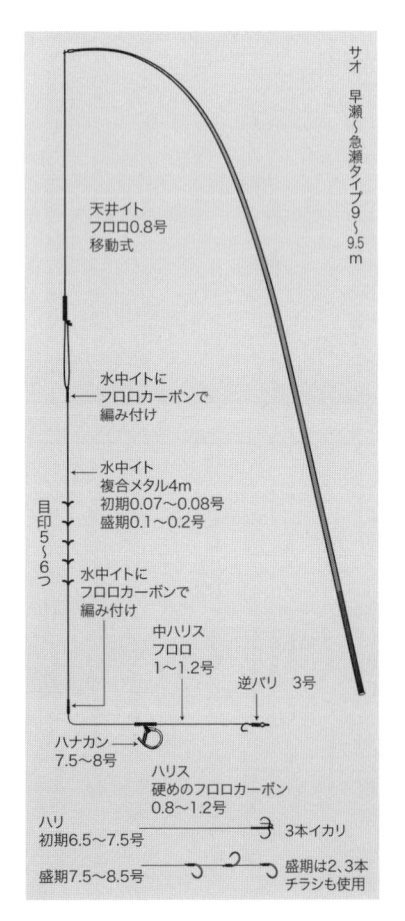

はずだ。

落合橋周辺の流れは川幅10mくらいなので、静かに対岸側から釣るとよい。調子がよければ半日で30尾くらい数がまとまることもあるが、ポイントの規模が小さいため釣り返しが利かない。長くて半日、できれば3時間ほどで上流に移動するか、状況を見て本流に戻ったりするとよいだろう。

オトリ店だが、落合橋付近の合川地区にはない。合川駅から約5km上流の阿仁川本流筋・米内沢駅近くの「あゆっこ」（温泉宿泊施設。本館となる「あゆセンター」ではオトリ販売のほかアユの養殖も行なっている）か、県道214号経由で来るなら阿仁前田でオトリを用意したい（小阿仁川は上流・沖田面地区に1軒あり）。

最後に、阿仁前田に通じる県道214号と国道285号が接するT字路交差点には、「道の駅かみこあに」がある。ここには素朴で美味しい地元

落合橋より上流を望む。小さなコンクリートブロックの護岸に付くアカを食むアユをねらう

サオ 早瀬〜急瀬タイプ9〜9.5m

天井イト
フロロ0.8号
移動式

水中イトに
フロロカーボンで
編み付け

水中イト
複合メタル4m
初期0.07〜0.08号
盛期0.1〜0.2号

目印5〜6つ

水中イトに
フロロカーボンで
編み付け

中ハリス
フロロ
1〜1.2号

逆バリ 3号

ハナカン
7.5〜8号

ハリス
硬めのフロロカーボン
0.8〜1.2号

ハリ
初期6.5〜7.5号
盛期7.5〜8.5号

3本イカリ

盛期は2、3本
チラシも使用

の特産品のほか、地元で採れた季節の野菜を生かした料理なども楽しめる。釣行の帰りやお昼時などに利用されるとよいだろう（谷地田）。

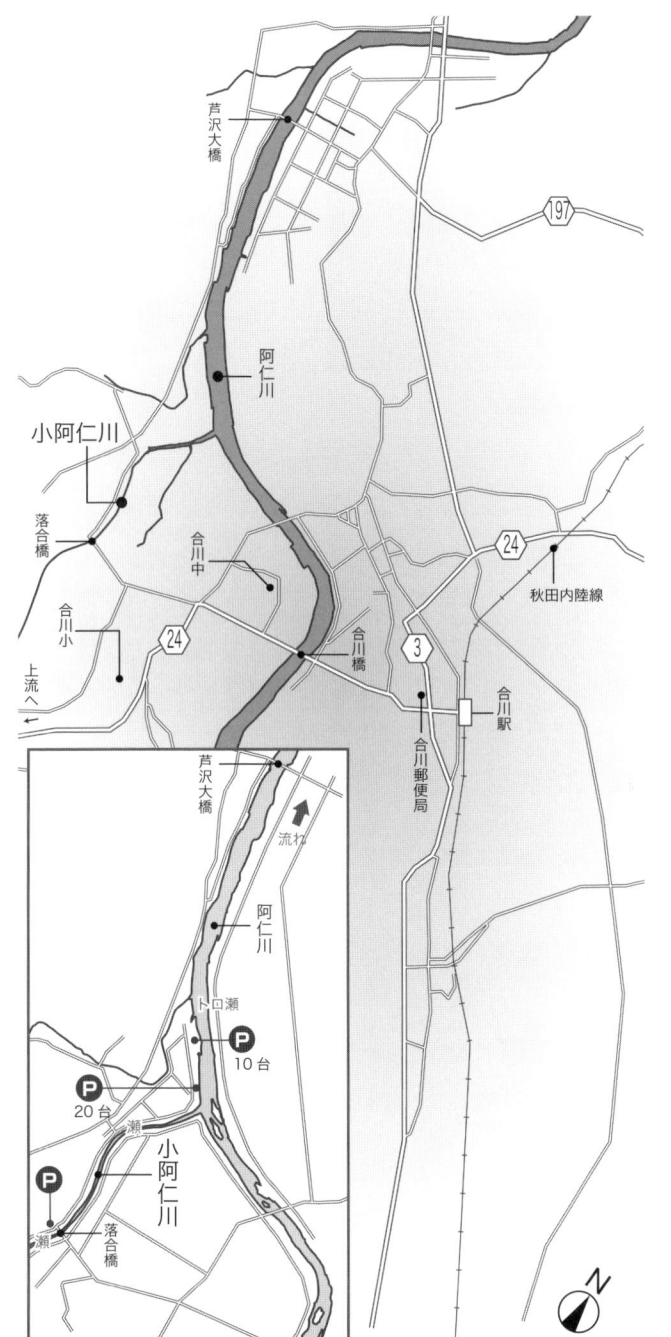

秋田県

早口川（はやくちがわ）

米代川水系の大きな支流の中では最も濁りに強い
増水時は本流から差すアユも多く3ケタ釣りもある

本郷橋より下流を望む。このエリアはサイトフィッシングも可能で釣り返しも利く

秋田・青森県境付近に源を発する早口川は、源流部を大川目川（おおかわめがわ）といい、早口ダムに流れ込んだ後、南流して米代川に合流する延長26・5kmの河川だ。

米代川水系の代表的な支流の1つで、比較的上流部に位置することもあり、流れの大部分は清流という渓流相である。実際、渓流釣りシーズンにはヤマメやイワナねらいで訪れるファンの姿が絶えない。

アユの釣り場としては、ここでは米代川合流点から約3km上流にある本郷橋と、そこから約3・5km上流の大岱（おおたい）地区に架かる平和橋の周辺をそれぞれ紹介したい。上流側となる平和橋周辺は両岸を林に囲まれた流れとなるが、本郷橋周辺とともに流れそのものはまだ清流の趣である。米代川本流に比べて川の規模が小さいぶん、初めての方でも入川しやすいだろう。

まず、全体的な話をすると、早口川のアユ釣り場は瀬～トロ瀬が30～50㎝大の石が多くハミ跡が見やすい。水の透明度も高いので、橋の上などからでもアユが食んでいることもあるので、岸際でアユを見て入川するとよい。そんな時はまず静かにヘチで野アユを取り、オトリを交換して瀬や急瀬を釣るよう

本郷橋より上流を望む。川底に30～50cm大の石が敷き詰められた瀬が続く好ポイント

52

にする。

アユの型は米代川本流に比べれば落ちるが、水質がよいぶん食味は美味。色も濃く追星が2つ、3つと出る。また、増水時によいタイミングで入れれば本流から差してくるアユで魚影が増え、3ケタ釣りも夢ではない。私も過去に本郷橋下流で132尾を釣ったことがある（22cm平均）。逆に渇水時はあまりパッとしないこともあるので覚えておきたい。

米代川水系のアユ釣り場は、例年解禁日前後に梅雨を迎える。関東以南のように延々と雨が続くことはないが、ほど釣れそうな気もするが、場所さえあれば本流が濁って釣りにならない時には支流筋が頼りとなる。なかでも早口川は大きな支流の中では一番最後に濁る印象がある。

● 本郷橋周辺

川底に30～50cm大の石が敷き詰められた瀬が続く好ポイント。川幅は約10m。橋の上からアユの姿が丸見えなので人気の場所だが、瀬が長く釣り場は広い。サオ抜けを期待して遠くへ行くほど釣れそうな気もするが、橋近くで充分数釣りが可能だ。瀬の終わりはカーブの淵で、アユの貯蔵庫になっている。淵でも食んでいるアユの姿が見られるが、水深があって難しいため、瀬を中心に釣るとよい。写真は渇水状態だが、上流の早口ダムから不定期に放水があり、サイレンが鳴ると冷たい水が流れてきて水位が20～25cm高くなる。この水温差で1～2時間掛かりが悪くなるが、アユが慣れてくると今度は次々に掛かりだす。放水していない時はシーズン初期の朝からでも掛かるが（特に渇水期）水温が上がりだすと追いが一段とよくなる。このエリアはサイトフィッシングも可能で釣り返しも利く。

● 平和橋周辺

大岱地区にあるので大岱の橋と称されることもある。端の下流は300m

information

● 河川名　米代川水系早口川
● 釣り場位置　秋田県大館市
● 解禁期間　7月1日～10月31日
● 遊漁料　日釣券1000円、年券7000円
● 管轄漁協　田代漁業協同組合（Tel 0186-54-2317）
● 最寄の遊漁券取扱所　小笠原オトリ店（Tel 0186-54-2055）
● 交通　東北自動車道・十和田ICを降り、国道103、7号経由で早口川を渡り、右折して上流へ

くらい瀬が続く。川幅は本郷橋辺りと同じだが、樹木が川にせり出している場所もある。また、流れの芯が左右どちらかに寄っている場所も多い。

橋の上流側はゆったりとしたトロ瀬が続く。左岸は岩盤が流れの中ほどまで延びていて、すり鉢状に深くなっている（写真は渇水状態）。岩盤の溝に入った玉石にアカが付くのでそこをねらう。すり鉢状のヘリもよい。

橋の上流は写真の奥で左にほぼ直角に曲がり、10mほどの短い流れだが急瀬がある。よい所にアユが入っていれば一発で掛かるので、私はいつもここで最初の野アユを取る。ただし、流れが強いぶん掛けた後に身切れも多いので注意。

急瀬の先はまた深トロの岩盤となる。そのままずっと上流に釣り上がっていけるが、所々で流れに樹木の枝が張り出しているので注意したい。サオの長さは9mが限度だろう（谷地田）。

平和橋より下流を望む。300mほど続く瀬がねらいめだ

平和橋より上流を望む。10mほどの短い急瀬はアユが入っていれば一発で掛かってくる

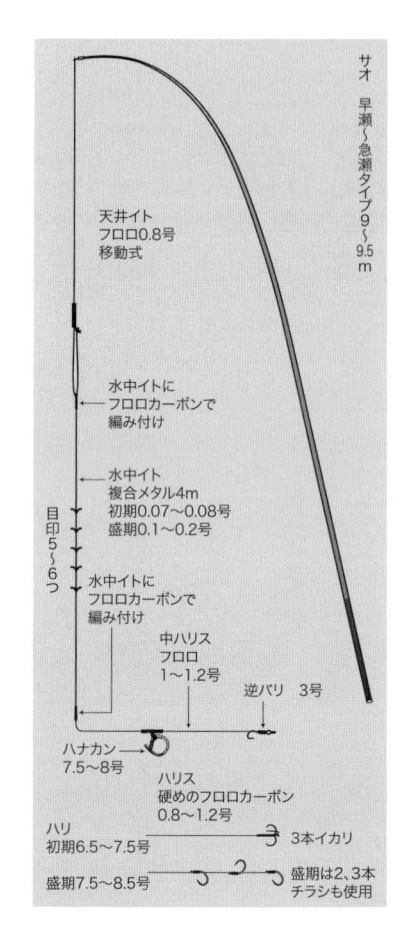

サオ 早瀬〜急瀬タイプ9〜9.5m

天井イト
フロロ0.8号
移動式

水中イトにフロロカーボンで編み付け

水中イト
複合メタル4m
初期0.07〜0.08号
盛期0.1〜0.2号

目印5〜6つ

水中イトにフロロカーボンで編み付け

中ハリス
フロロ
1〜1.2号

逆バリ 3号

ハナカン
7.5〜8号

ハリス
硬めのフロロカーボン
0.8〜1.2号

ハリ
初期6.5〜7.5号　3本イカリ
盛期7.5〜8.5号　盛期は2、3本チラシも使用

55

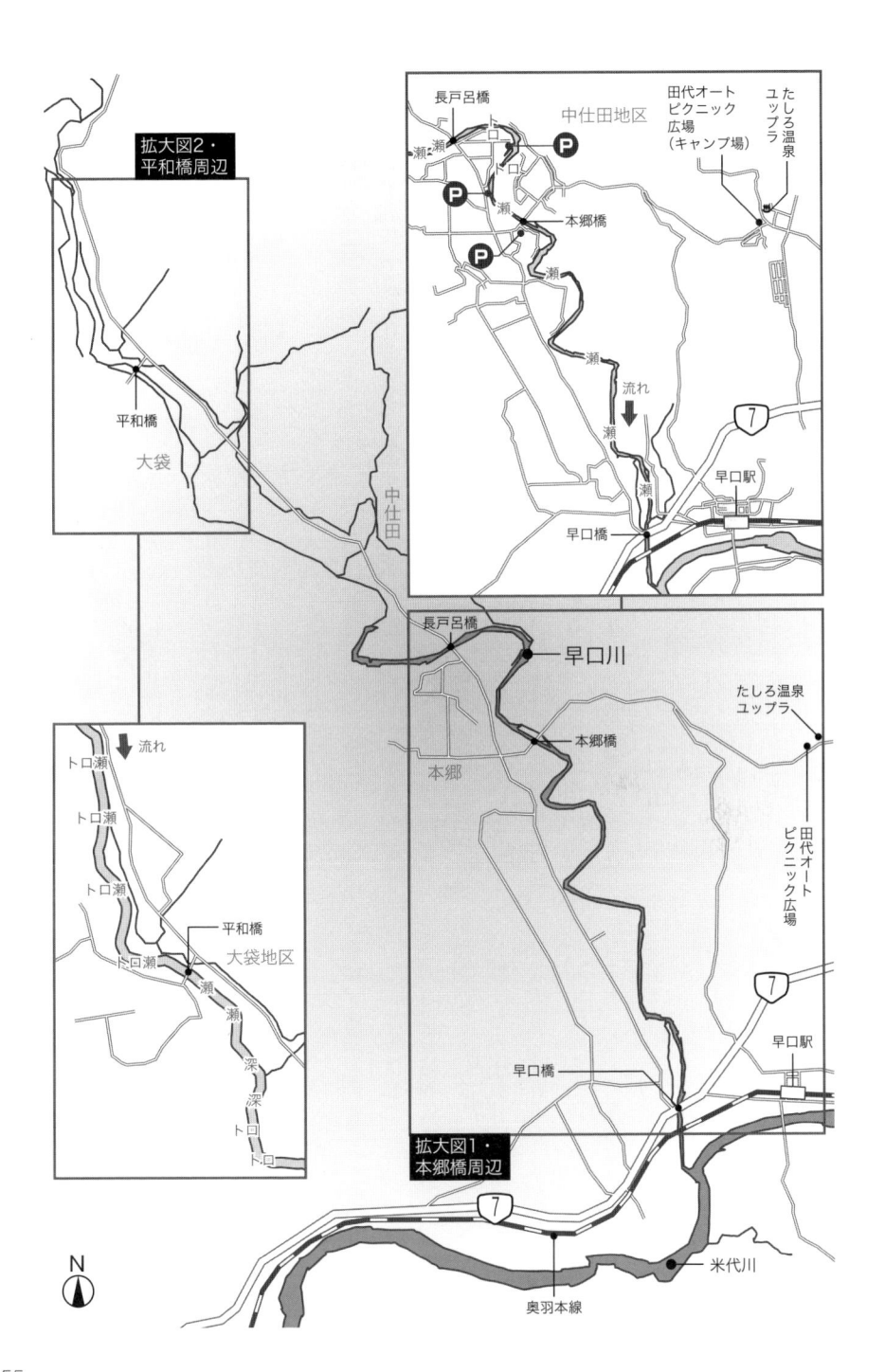

●秋田県

桧木内川
（ひのきない）

みちのくの小京都を流れる天然ソ上河川。放流も県内随一
天然美アユの数釣りを堪能。北上すれば阿仁川にも通じる

桧木内川は秋田県仙北市西木地域北端の高崎森に源を発し、国道１０５号と並行するように角館市街地へと流れる。角館は武家屋敷と桜が有名で、観光客の絶えないスポットだが、私は１６年通っているものの、実はまだ見たことがない。観光地より川へ足が向いてしまうためだ。桧木内川はアユ釣りを覚えた流れでもあり、特に思い入れは強いが、ここへ通う最大の魅力は美アユの数釣りが堪能できること。約１０万尾という秋田県随一の放流量を誇り、天然ソ上も多く魚影の多さは群を抜く。２０１４年度は解禁２日前、鵜ノ崎橋からのぞくと１７cm前後の放流魚に加え、１０cmほどの天然ソ上がたくさん見られた。解禁日を迎ええいざサオをだすと１７cm前後の型が揃う状況だったが、８月に入ると連日の雨で釣りにならず。９月の声を聞く頃よりソ上魚が本番を迎え、まっ黄色のアユが楽しませてくれた。そんな過去の実績を交えて、おすすめの釣り場を紹介したい。

●鵜ノ崎橋周辺（うのさき）

このエリアは瀬、チャラ瀬、深瀬、トロと変化に富んだ流れが橋を中心にコンパクトにまとまっている。シーズン的にも９月から１０月初旬までと長く楽しめる。注意点としては、伐採された草が流れるためラインドラブルに気を付けたい。入川は鵜ノ崎橋の横からが無難。

玉川合流までの約３kmは平瀬、チャラ瀬の優しい流れとなる。藤枝オトリ前は常に釣り人の姿がある人気のポイント。オトリさえ確保できれば、１０月初旬まで小振りながら追星くっきりの

56

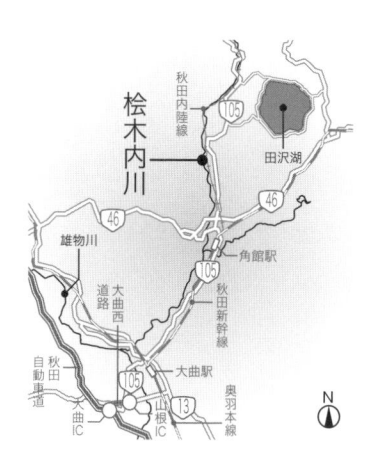

桧木内川

鵜ノ崎橋より上流を望む。奥に堰堤が見える。毎年流れに変化が見られるものの魚の溜まる場所だ

information

- ●河川名　雄物川水系玉川支流桧木内川
- ●釣り場位置　秋田県仙北市
- ●解禁期間　7月1日〜10月31日
- ●遊漁料　日釣券1700円、年券8400円
- ●管轄漁協　角館漁業協同組合（Tel 0187-55-4877）
- ●最寄の遊漁券取扱所　藤枝オトリ（Tel 0187-55-4235）、森オトリ（Tel 090-2600-5491）
- ●交通　東北自動車道・大曲ICより大曲西道路を経由して山根ICを降り、国道105号利用で桧木内川へ

黄色いアユが楽しめる。

鵜ノ崎橋周辺は、毎年流れに変化が見られるものの魚の溜まる場所。橋上流は左岸側の流れがねらいめで、波立ちがポイントの目安となる。適度な水深のザラ瀬が150mほど続く。放流魚が群れていることもあるのでチェックしておきたい。

橋下流は直下からポイントとなる。このエリアでは一番強い瀬があり、解禁日には面白いように掛かる。2014年は左岸側の流れがよかった。増水後の白川時にもしっかりアカが残り、よい釣りが楽しめた。

右岸側のチャラ瀬も上飛ばしでねらうと面白い。掛かりアユが水面から飛び出すほどの水深だが、意外と数が出る。3本の流れがぶつかる辺りは腰ほどの深さがあり流れも強いが、解禁当初から終盤まで安定した釣果が望める。100m下流のトロ場からアユが供給されているようだ。

●桧木内川河川公園前

岩盤絡みの瀬、チャラ瀬の続く流れが特徴的なエリア。入川口は門屋橋上流左岸側、橋下流右岸側の階段、河川敷公園の3個所となる。

門屋橋上流の岩盤地帯は落差のある流れで、解禁当初から良型の数釣りが楽しめる。橋下流は岩盤絡みの深トロが200mほど続き、岩盤絡みの瀬へと続く。岩盤の溝に入った石にアユが付くので、その周囲を探りたい。

また、大水の後でもアカ残りのポイントがはっきりと分かるため比較的釣りやすい。放流魚がトロ場にストックされており、時合がくると怒涛（どとう）の入れ掛かりも堪能できる。

下流のトロ尻は川底まではっきり見える。意外に水深があるので注意されたい。良型も確認できるためサイトフィッシングに自信のある方はぜひチャレンジされたい。右岸側の階段から入川すると、下流の河川敷公園までは岩

鵜ノ崎橋より下流を望む。流れの強い瀬があり、解禁日には面白いように掛かる

桧木内川河川公園前上流の流れ。深トロから岩盤絡みの瀬へと続く

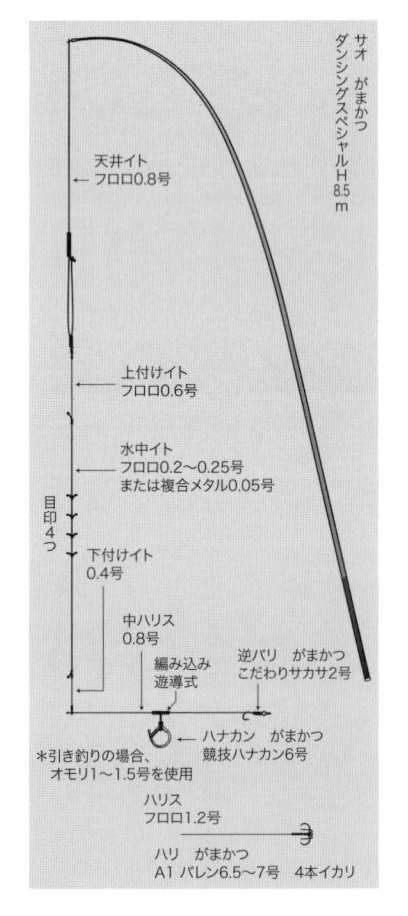

サオ　がまかつ
ダンシングスペシャルH 8.5m

天井イト
フロロ0.8号

上付けイト
フロロ0.6号

水中イト
フロロ0.2～0.25号
または複合メタル0.05号

目印4つ

下付けイト
0.4号

中ハリス
0.8号

編み込み
遊導式

逆バリ　がまかつ
こだわりサカサ2号

＊引き釣りの場合、
オモリ1～1.5号を使用

ハナカン　がまかつ
競技ハナカン6号

ハリス
フロロ1.2号

ハリ　がまかつ
A1 パレン6.5～7号　4本イカリ

58

盤、ザラ瀬の川相となる。特におすすめなのは階段を下りて正面の流れで、岩盤地帯に石が敷き詰められている。左岸側は若干流れが変わったが釣果は期待できる。右岸側も遜色のない流れだが、浮き石が目立つので根掛かりに注意されたい。

このエリアも基本的に初期は放流魚、シーズンが進むと徐々に天然ソ上がメインとなる。2014年の実績では16〜21cmのサイズが楽しめた。

●栃ノ木橋周辺

解禁当初は放流魚が主流だが良型が目立つ。栃ノ木橋から上流は渓流相となり国道105号から離れるが、川沿いに小道が沿うので移動は容易だ。採石場のトラックが通るので注意は必要。また、7月下旬からお盆まではアブも多く、虫避けなどの装備も整えたい。

栃ノ木橋上流の瀬は、トロや「シジ淵」からアユが補充されるため釣り返しが利き、一日を通して楽しめる。落差がある瀬なので、取り込みを考えた

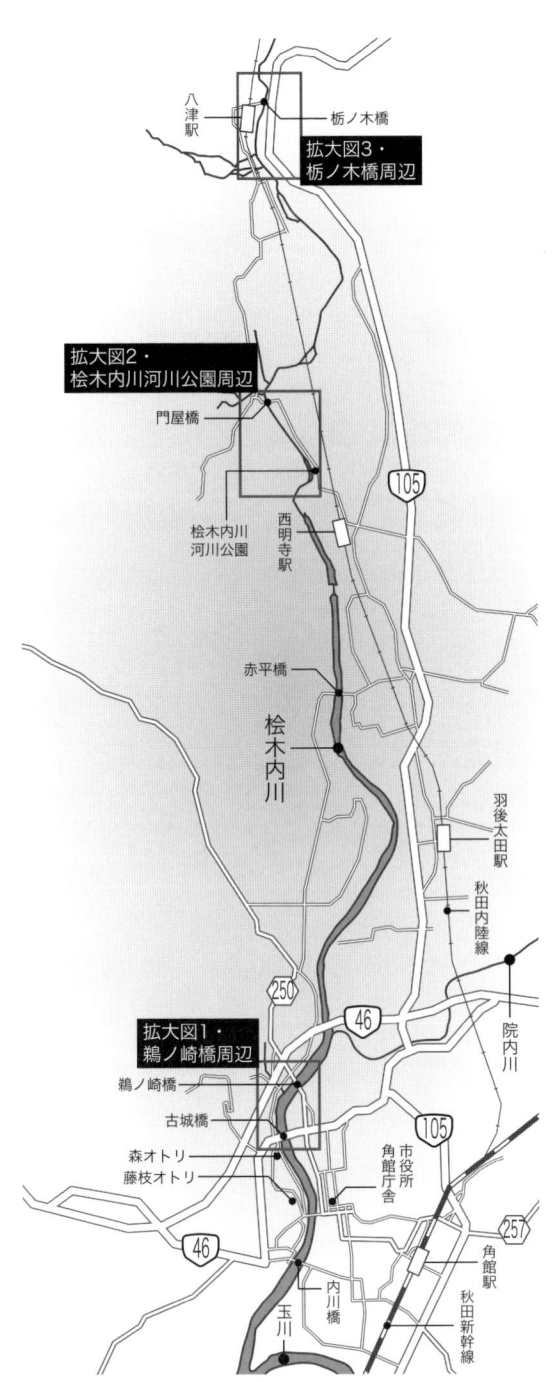

桧木内川河川公園前・右岸側の階段を下りた正面の流れを望む。岩盤地帯に石が敷き詰められたおすすめのポイント

9月の声を聞く頃よりソ上魚が本番を迎え、まっ黄色のアユが楽しませてくれる

栃ノ木橋より下流を望む。護岸の岩盤と波立ちのよい流れがあり、安定した釣果が得られる

立ち位置が望ましい。流れが2つに分かれ、メインは右岸側となるものの、左岸側は意外とサオ抜けになりやすいので必ず探ってみたい。
　また淵尻は大石、小石底になっておりアユの姿がはっきり見えるのでサイトフィッシングにはおすすめだ。淵から型のよい群れアユも差してくる。
　橋下流は直下にいる見えアユねらいもおすすめだが、100mほど下に護岸の岩盤と波立ちのよい流れがあり、安定した釣果が得られる。
　左岸側から右岸へと流れを変えるが、ここは右岸側から流したい。流れが右岸側に移った所から川の中に立ち、右岸側のヨシ際、木が覆い被さった場所などを探る。振り返り左岸側に広がるチャラ瀬も、タイミングが合えば数が出る。水深もほどよく釣りやすい。
　橋から見えるカーブはきつい絞り込みで、テトラが入った岩盤の流となる。根掛かると回収が難しいので、ある程

拡大図1・鵜ノ崎橋周辺

- 国道上はトロ場
- 流れ
- 古城橋
- 46
- 3本の流れがこの辺りで1本になる。腰くらいの強い瀬（絞り込み）
- このエリアでは一番強い瀬
- 角館バイパス
- 46
- 入川口
- P
- チャラ瀬
- 鵜ノ崎橋
- 250
- 鵜ノ崎堰堤
- 滝
- 堰堤
- この辺りから波立ちが始まる。腰から膝のザラ瀬、左岸側が本流

拡大図2・桧木内川河川公園周辺

- 岩盤のトイになった流れ 意外と深いので注意 ガンガン瀬
- トロ尻 見えアユが必ずいる
- トロの岩盤地帯
- 岩盤の瀬、落差が大きい=解禁時数釣りの実績ポイント
- 階段
- 入川口
- P
- 門屋橋
- P
- 入川口
- 公園前は左岸に流れが寄る。大石と岩盤深瀬
- 流れ
- 絞り込みガンガン瀬
- 変化に富む！岩盤地帯に石が挟まっている
- 深瀬
- ここも岩盤が絡む。階段前は石がしっかり入っている
- 桧木内川河川公園
- WC
- P
- ここは2014年流れが変わった。右岸側にも、ももくらいの深さの瀬。真ん中がチャラ瀬 左岸側は大石岩盤混じりの深瀬

拡大図3・栃ノ木橋周辺

- 八津駅
- 淵尻は大石、小石底でアユもしっかり見える
- 流れ
- 腰くらいの瀬 左岸から右岸に流れが変わる
- 入川口
- P
- シジ淵
- 栃ノ木橋
- テトラと岩盤の深瀬
- 105
- 大石が入り木がかぶる 膝くらいの瀬
- ヨシ際、木の下際に流れが寄る。左岸側はチャラ瀬
- ここから下流がおすすめ。左岸寄りの流れ 岩盤混じりの瀬
- 栃ノ木橋 見えアユはたくさん
- 栃ノ木橋上流の落差のある瀬。右岸側は荒瀬、左岸は瀬 淵とトロ場の間にあるのでアユが補充される

度オトリをキープしてから探ること。エリアより上流では、採石場（R105で八津駅を過ぎて約500m先の左へ入る道を5分ほど川に沿って進む）の先は谷間を流れる川相で、数よ
り型にこだわる釣り人にはおすすめだ。2014年は25cm以上も出たようだ。
当たれば面白い釣りができる。
最後に、桧木内川の魅力はコンディションのよい天然アユの数釣りが堪能
できることに尽きる。東北の短いアユ釣りシーズンに、ぜひタイミングを合わせて釣行されたい。1時間圏内には阿仁川、雫石川などもあるので、遠征の際は参考にされたい（波田野）。

● 秋田県

雄物川からソ上する天然アユで魚影の多さは折り紙付き
初心者でも釣りやすい規模の流れと水深が多い

皆瀬川
(みなせ)

皆瀬川の魅力は雄物川からソ上してくる膨大な数の天然アユ。
型は小さいが魚影の多さは抜群で、例年数釣りが堪能できる

秋田県湯沢市皆瀬を源に、小安峡、皆瀬ダムを経て成瀬川と合流した後、雄物川に注ぐ皆瀬川。その魅力は、雄物川からソ上してくる膨大な数の天然アユ。型は小さいが魚影の多さは抜群で、例年数釣りが堪能できる。2014年は数、型ともによく、終盤まで楽しめた。

川沿いの至る所に、小規模ながら駐車スペースがあり入川も容易。私が訪れるポイントのほとんどは川幅10m未満、水深も股下程度と危険は少なく、初心者でも安心してサオがだせる。国道13号の下流、湯沢横手道周辺にもよい流れは多いが、ここでは成瀬川との合流点周辺から上流部を紹介したい。

● 成瀬川合流下

実は2014年に初めて入ったポイントだが、大勢での釣行でも大満足の釣果を得た。アクセスは十文字ICを降りて国道13号を右折し、約1kmで左折

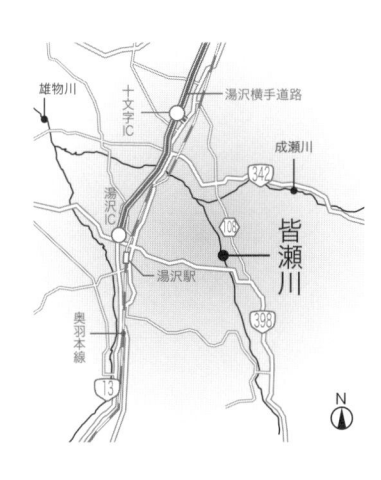

information

- 河川名　雄物川水系皆瀬川
- 釣り場位置　秋田県湯沢市
- 解禁期間　7月1日〜10月31日
- 遊漁料　日釣券1500円・年券8000円
- 管轄漁協　皆瀬川筋漁業協同組合（Tel 0183-58-3008）
- 最寄の遊漁券取扱所　戸波おとり店（Tel 090-7320-0068）
- 交通　秋田自動車道・横手JCTより湯沢横手道路を経由して十文字ICを降り、国道13、342号もしくは398号利用で皆瀬川へ

　して国道342号へ。約3.5km先で県道108号を右折して1km弱で成瀬川となる。橋を渡らずに手前を右折、堤防沿い約400mで駐車スペースに到着。うまく停めれば10台くらい利用可能だ。
　目の前がすぐ川なので見渡せばすぐに分かるが、とにかく広いポイントだ。100mくらい上流には中州があり、左岸はチョロチョロ流れで右岸が本筋となる。チョロチョロの流れでもうまく探れば10尾くらいは釣れる。
　本筋は水量が多く押しも強いが、うまくオトリを入れることができれば数が出る。まずは目の前の股下程度の広い瀬（トロ瀬）で、あまり動かず探って数を釣りたい。少し下流の瀬肩周辺もよい石の入ったねらいめの流れだ。泳がせ派は正面から上のトロ瀬、引き釣り派は下の瀬がおすすめだ。
　近年は追わないアユが群れているパターンが多く、皆瀬川も例外ではない。

このポイントではトロ瀬の右岸側の木の下にアユが溜まっていて、粘って数を稼いだ人に分があった。追わないアユも頭の中に入れて釣行したい。

● 戸波橋上流部

橋のたもとにオトリ店があり、オトリ購入後は橋を渡り200～300m進み、右折して農道に入る。そこから川に進む道を捜しながら走ることになるが、私は1kmほど進んだ場所でサオをだすことが多い。

入川口の前が一番深く股下から腰程度。そこから対岸へ渡り、振り向いて右岸側を釣る。天然アユなので足元の小砂利でも釣れるが、やはり少し奥の石の入っている流れをねらいたい。

この周辺は、駐車スペースがある所には必ずといってよいほど川に降りる道がある。どこに入っても大差がないので、駐車スペースの有無でポイントを決めることになる。

初期	後期	小場所用（8mザオ）
サオ　ダイワ 銀影競技SPA H90・W	サオ　ダイワ 銀影競技メガトルク 急瀬抜 90・W	サオ　ダイワ 銀影エアA 80・W
天井イト　ダイワ タフロン鮎天上糸 0.8号	天井イト　ダイワ タフロン鮎天上糸 0.8号	天井イト　ダイワ タフロン鮎天上糸 0.8号
上付けイト　ダイワ タフロン速攻XP 0.4号	上付けイト　ダイワ タフロン速攻XP 0.4号	
水中イト　ダイワ メタコンポⅢ 0.04～0.05号 メタセンサー ハイパー エムステージ 0.05～0.07号	水中イト　ダイワ メタコンポⅢ 0.07～0.2号 メタセンサー ハイパー エムステージ 0.07～0.15号	水中イト　ダイワ メタコンポⅢ 0.04～0.1号
下付けイト　ダイワ タフロン速攻XP0.4号	下付けイト　ダイワ タフロン速攻XP0.4号	下付けイト　ダイワ タフロン速攻XP0.4号
中ハリス　ダイワ タフロン鮎中ハリス 0.8号(初期)、1.0号(中期)	中ハリス　ダイワ タフロン鮎中ハリス 1.2～1.5号	中ハリス　ダイワ タフロン鮎中ハリス 0.8号(初期)、1.0号(中期)、1.2～1.5号(後期大もの用)
逆バリ　ダイワ D-MAX鮎 サカサ針 2号	逆バリ　ダイワ D-MAX鮎 サカサ針 2号	逆バリ　ダイワ D-MAX鮎 サカサ針 2号
ハナカン　ダイワ プロラボハナカン5.4mm	ハナカン　ダイワ プロラボハナカン6.2mm	ハナカン　ダイワ プロラボハナカン5.4mm
ハリス　ダイワ タフロン鮎ストレートハリスⅡ1号	ハリス　ダイワ タフロン鮎ストレートハリスⅡ1号	ハリス　ダイワ タフロン鮎ストレートハリスⅡ1号
ハリ　ダイワ XP速攻S6.5号3～4本イカリ、XPエアーマルチ6.5号3本イカリ、XPエアースピード6号4本イカリ (ハリス11～12cmを背中に)	ハリ　ダイワ XPスピード7～7.5号3～4本イカリ、XPパワーキープ7～8号3本イカリ (ハリス11～12cmを背中に)	ハリ　ダイワ XPエアースピード6.5号4本 XPスピード7号4本 (ハリス11～12cmを背中に)

目印4つ　オモリ使用(1～1.5号)

全体的にチャラか膝下程度の流れなので、好みの釣り方で楽しめる。ただし、川幅が狭いので短ザオが扱いやすい。私は8mをメインに使用している。

●久保橋下流

久保橋から右岸側を堤防沿いに400～500m下がると、数台の駐車スペースがある。そこから川に入ると少し傾斜のある瀬が現われる。サオ抜けになっていることが多いため、空いていればチャンスだ。周辺の流れも釣りやすく、状況に合わせてポイントを選択したい。

●久保橋上流

久保橋から国道398号を約800m上流に進み右折、少し行くと右側に広い空地が見える。そこがゲートボール場で、奥に進むと広い駐車スペースがある。ここは私が皆瀬川で一番好きなポイントで、釣行の際は必ずといっ

成瀬川との出合から少し上流へ行った流れを望む

戸波橋から200～300m上流の流れを望む。どこに入っても大差ない釣果が期待できる

上流部で9月初旬に掛けたアユ。天然ソ上がメインで型は小振りだ

久保橋上流に架かる大舘橋下の川相。瀬はもちろん、ヒラキから下のトロ場も釣れる

ていいほどサオをだす。瀬が点在する流れも気に入っているが、なんといっても数が釣れる。3ケタこそ出ていないが80尾台は何度もある。いろいろな釣り方で楽しめるのも魅力だ。

沢下の護岸から川に降りて、目の前の瀬肩から釣り始めオトリを取り、そこから引き釣りで釣り下がり、下のトロ場で泳がせる。際を釣ったり、木の下を探ったりと、サオ抜けをねらいながら探りたい。一段下のトロ場には群れアユが溜まっていることが多く、追わないと思った時は群れアユを攻略するのも手。2014年は下のテトラ際ギリギリを探って釣果が伸びた。

釣り方はオモリを付けてオトリを止めて少し待ち、追いがないようなら少しずつ下流へとピンポイントで移動しながら探っていく。入川しやすいポイントなので、釣りにくい所もねらうようにしたい。

上流も意外によく、瀬はもちろんだ

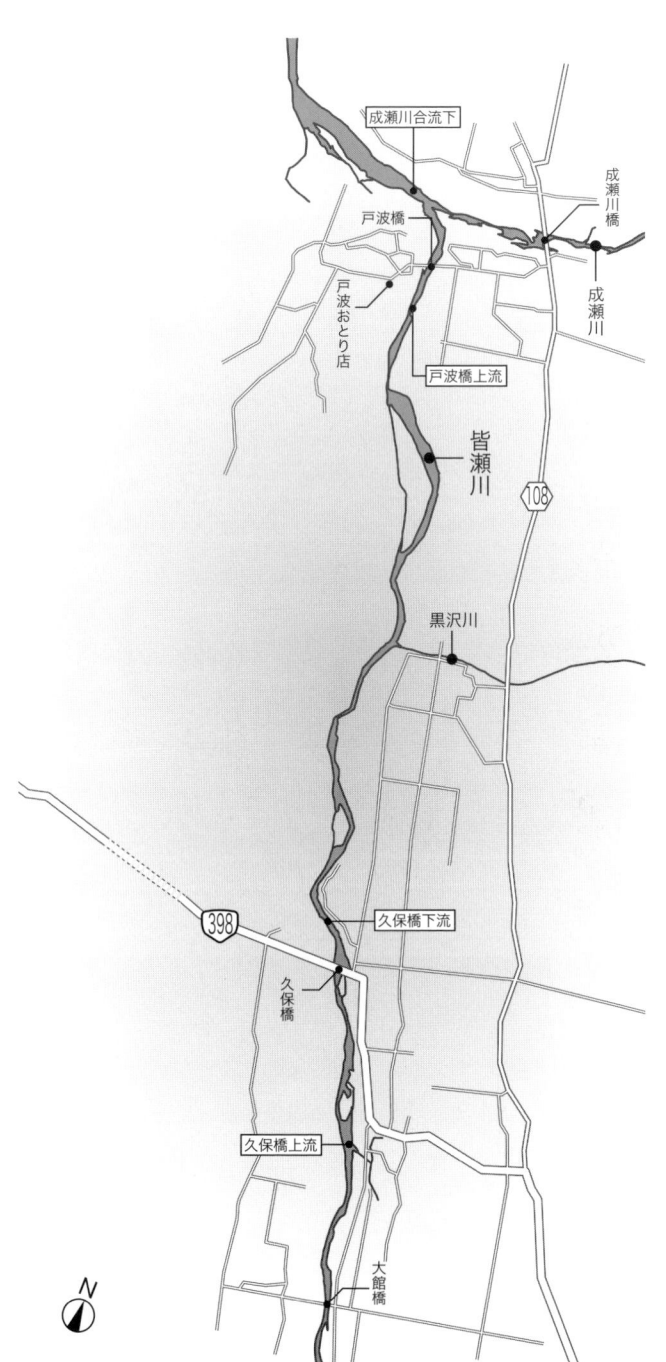

地図:
- 成瀬川合流下
- 戸波橋
- 戸波おとり店
- 戸波橋上流
- 成瀬川橋
- 成瀬川
- 皆瀬川
- 108
- 黒沢川
- 398
- 久保橋下流
- 久保橋
- 久保橋上流
- 大館橋

が、ヒラキから下のトロ場も釣れる。一見変化がないようだが、波立ちが所々にあって、そこには必ず石が入っている。それをねらえば効率がよいはずだ（大里）。

●秋田県 成瀬川(なるせ)

渓流釣りのイメージが強いが天然ソ上の数釣りを楽しめる交通の不便さが幸いして釣り人が少ない穴場的存在

皆瀬川合流〜成瀬大橋の川相。川幅は広く、瀬やトロなど変化に富んだ流れが続く

秋田県の南東部に位置する成瀬川は、途中で皆瀬川と合流した後、雄物川に注ぎ込む。アユ以外にもヤマメやイワナなど渓魚の魚影が多い川として知られている。流域の増田町は漫画家・矢口高雄さんの出身地でもあり、町にはまんが美術館の施設もある。

県道274号分岐上流で9月中旬に釣れた26cmのアユ

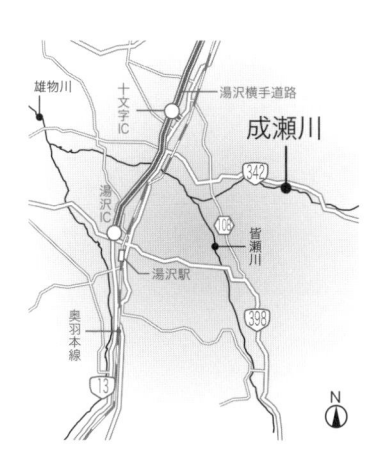

information

- 河川名　雄物川水系成瀬川
- 釣り場位置　秋田県横手市、東成瀬村
- 解禁期間　7月第2土曜〜10月31日
- 遊漁料　日釣券1500円・年券7000円
- 管轄漁協　成瀬川漁業協同組合（Tel 0182-45-2815）
- 最寄の遊漁券取扱所　高橋製作所（Tel090-9537-7364）、なるせ温泉・東仙歩（Tel0182-47-3181・遊漁券）、デイリーヤマザキ東成瀬店（Tel 0182-47-2182・遊漁券）
- 交通　秋田自動車道・横手JCTより湯沢横手道路を経由して十文字ICを降り、国道13、342号利用で成瀬川へ

　成瀬川は、過去に釣行した上流部での大ヤマメやニジマス釣りのイメージが私の中では強く、アユ釣りは最下流（皆瀬川の合流周辺）で数回サオをだしたことがあるものの、その時は渇水でポイントが少なく、あまりよい印象は持っていなかった。

　そのイメージが一変したのは、2014年のお盆休みのこと。前日までの大雨で他の河川は難しいと考え、釣りが可能と思われる皆瀬川を目差したが、濁りが強く釣りにならない状況だった。そこで、支流である成瀬川へ足を運ぶと、少し水位は高いが濁りは全くない。

　それならと上流部のようすをうかがうと、最下流部と異なり水量は豊富で川相もよい。入川可能なポイントには釣り人の姿もあり、ちょうどサオを曲げている。昼食後にオトリ店から聞いたポイントに入り、平均23cmの良型が手にできた。その後も下流部へ移動し

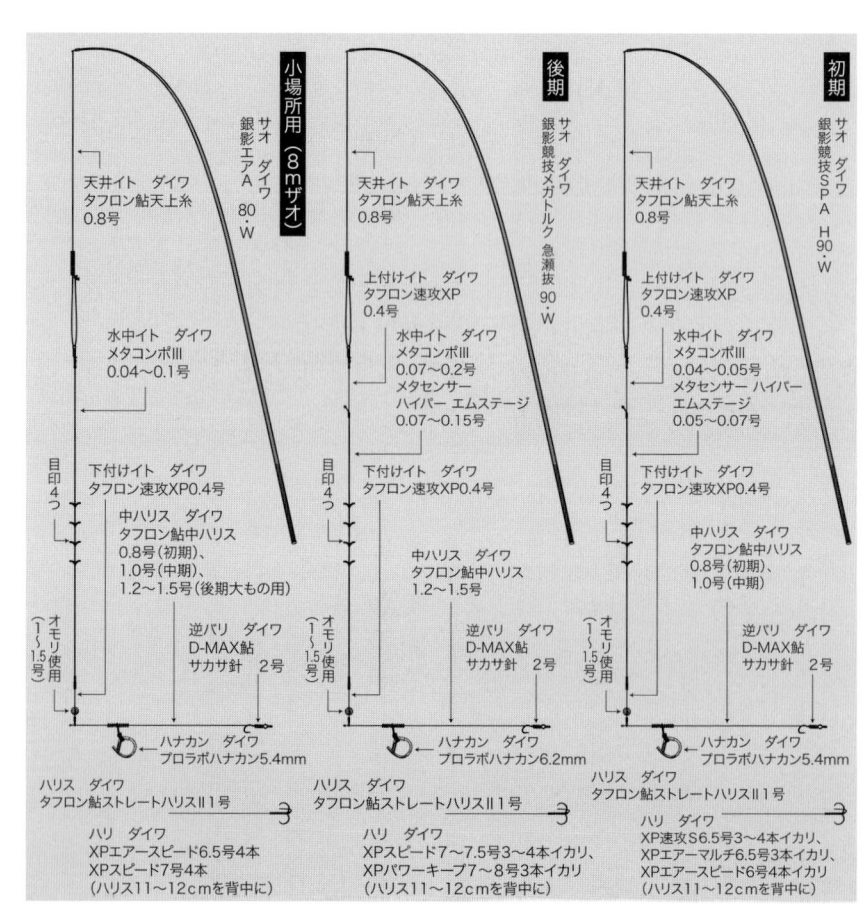

て、天然アユを気持ちよく釣らせてもらった。そのようなわけで、ここでは私が歩いてみてよかったポイントを何個所か紹介したい。

●皆瀬川合流～成瀬大橋

皆瀬川との合流近くに架かる橋が成瀬川橋で、その1つ上に成瀬大橋がある。両岸に道が走るが、右岸側の堤防沿いの舗装路を利用したほうが比較的入川しやすい。河原に続く道が随所にあり、広い駐車スペースへ続いているので心配はいらない。

川幅は広く、瀬やトロなど変化に富んだポイントも多く、誰でも楽しむことができるはず。特に危険な流れもなく、平水なら膝下程度まで立ち込めば普通に釣りができるはずだ。

さらにもう1つ上の真人橋下の堰堤までは圧倒的に天然アユが多いので、それを意識した釣り方で探りたい。この区間は約1.5kmが釣り場となり、

小場所用（8mザオ）	後期	初期
サオ ダイワ 銀影エアA 80・W	サオ ダイワ 銀影競技メガトルク 急瀬抜 90・W	サオ ダイワ 銀影競技SPA H90・W
天井イト ダイワ タフロン鮎天上糸 0.8号	天井イト ダイワ タフロン鮎天上糸 0.8号	天井イト ダイワ タフロン鮎天上糸 0.8号
	上付けイト ダイワ タフロン速攻XP 0.4号	上付けイト ダイワ タフロン速攻XP 0.4号
水中イト ダイワ メタコンボⅢ 0.04～0.1号	水中イト ダイワ メタコンボⅢ 0.07～0.2号 メタセンサー ハイパー エムステージ 0.07～0.15号	水中イト ダイワ メタコンボⅢ 0.04～0.05号 メタセンサー ハイパー エムステージ 0.05～0.07号
目印4つ	目印4つ	目印4つ
下付けイト ダイワ タフロン速攻XP0.4号	下付けイト ダイワ タフロン速攻XP0.4号	下付けイト ダイワ タフロン速攻XP0.4号
中ハリス ダイワ タフロン鮎中ハリス 0.8号（初期）、 1.0号（中期）、 1.2～1.5号（後期大もの用）	中ハリス ダイワ タフロン鮎中ハリス 1.2～1.5号	中ハリス ダイワ タフロン鮎中ハリス 0.8号（初期）、 1.0号（中期）
オモリ（1～1.5号）使用	オモリ（1～1.5号）使用	オモリ（1～1.5号）使用
逆バリ ダイワ D-MAX鮎 サカサ針 2号	逆バリ ダイワ D-MAX鮎 サカサ針 2号	逆バリ ダイワ D-MAX鮎 サカサ針 2号
ハナカン ダイワ プロラボハナカン5.4mm	ハナカン ダイワ プロラボハナカン6.2mm	ハナカン ダイワ プロラボハナカン5.4mm
ハリス ダイワ タフロン鮎ストレートハリスⅡ1号	ハリス ダイワ タフロン鮎ストレートハリスⅡ1号	
ハリ ダイワ XPエアースピード6.5号4本 XPスピード7号4本 （ハリス11～12cmを背中に）	ハリ ダイワ XPスピード7～7.5号3～4本イカリ、 XPパワーキープ7～8号3本イカリ （ハリス11～12cmを背中に）	ハリ ダイワ XP速攻S6.5号3～4本イカリ、 XPエアーマルチ6.5号3本イカリ、 XPエアースピード6号4本イカリ （ハリス11～12cmを背中に）

大人数での釣行も可能だ。

●成瀬大橋〜真人橋

このエリアでおすすめのポイントは堰堤下の流れ。左岸側に車を停めて堤防を下がれば釣り場に着く。ここは長い中州があり、流れは両岸に分かれ川幅も狭くなるので短ザオが有利。

左岸側はブロック下のヒラキ、10mほどの短い瀬、その間の棚、次の瀬の瀬肩までと好ポイントが続く。特におすすめなのが下にあるチャラチャラの瀬だ。あまりサオをだす人がいないのか、釣行するたびに入れ掛かりを堪能した。9月半ばの釣行では平均で20cmと最高の引きを楽しませてくれた。

右岸側ではブロック下の狭い瀬、その下の右岸際などがねらいめ。さらに下ると木が覆い被さる流れもあり、釣りにくい所には必ずといってよいほど魚が残っている。私はそんなポイントをねらって数を稼いでいる。

真人橋下の堰堤とその下の流れを望む。流れは中州で両岸に分かれ川幅も狭くなるので短ザオが有利

堰堤下の流れへは左岸側に車を停めて堤防を下がれば釣り場に着く

●県道274号分岐上流

堰堤から国道342号を上流へ進み、県道274号に入り少し上流へ進むと高圧線が通っている場所がある。水田の狭い道に入り行き止まりに駐車し、そこから数10m下がった所に入川口がある。降りると目の前には大石が点在する瀬が出てくる。

ここは以前にオトリ店で教えていただいたポイントで、9mのサオでも普通に釣りができた。釣果的には、お盆中（増水時）に午後からの2時間程度で20数尾。9月中旬（平水）は、数は出なかったが25〜26cmの良型がサオを絞り込むなど大満足。入川口前から上流に行くと緩いカーブとなり、その上には大石ゴロゴロの瀬がある。増水時には少し流されなかの水量で、増水時には少し流されながら釣りをすることになったが、それでも安定した釣果が得られるポイントなのでサオをだしてみる価値はある。カーブから下はトロ場となり、瀬肩

高圧線下の入川口から下流の川相。大石の点在する瀬が続く。数、型ともに楽しめるポイントだ

の石組みで追いがよかった。真ん中の石裏でアユ任せの泳がせで探りたい。瀬肩の左岸側も魚影が確認できたので、条件が合えば釣果も期待できる。正面の瀬は、見るからに1級ポイントなの

で、探る釣り人も多くアユがスレている感じだ。

また、私はまだサオをだしていないが、上流の田子内地区にもよさそうな場所があった。

最後に、成瀬川は交通の便に難があるが、それが幸いして釣り人の少ない穴場的な流れとなっている。堰堤から上流部は深い所もあるので、釣行には充分注意されたい（大里）。

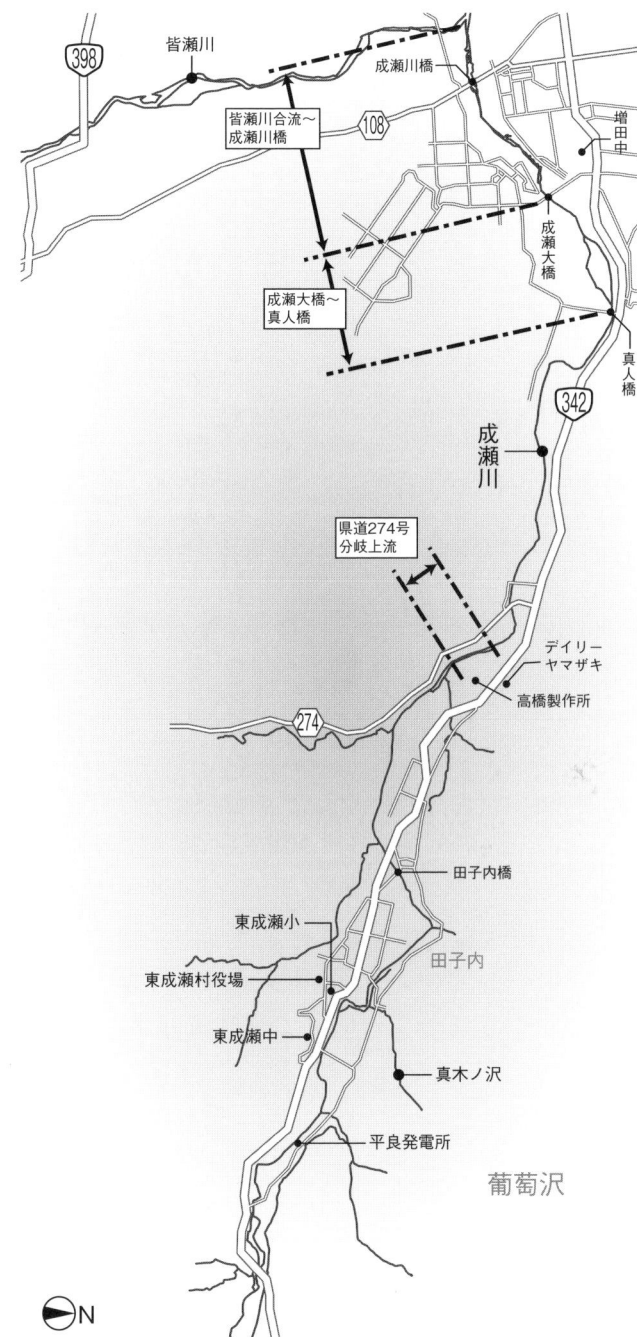

●岩手県

小本川(おもと)

森と海をつなぐ県北の清流。駐車スペースが多く入川も楽解禁日には束釣りも。7月末には良型がサオを絞り込む

小本川は岩泉町と葛巻町の境界線上の鈴峠を源流に国道340、455号沿いを流れ、岩泉町小本で太平洋に注ぐ延長約61kmの清流。この川は河口から約11km上流の裹野(ほろの)大橋を境に、上流が小本川漁協、下流は小本河川漁協の管轄が分かれるため注意されたい。

河口から約24km上流の町裏に東北電力の発電所があり、その放水口から上流約9kmの大川との合流地点からさらに2.5km上流に取水堰堤がある。放水口からこの間は枯れ川状態になっているが、町裏の放水口から下流は水量が安定している。放流は下流が700kg、上流が1300kg(平成26年)行なわれている。

●卒郡橋(そつごおり)〜中里橋

卒郡橋の上下流は瀬や平瀬がメインの流れ。さらに2km上流の中里橋下流は中州で二股に分かれ、右岸側が本流で左岸側が分流となる。本流は左に曲がりながら流れ、所々に球形のブロックが設置され、ここに良型が付いていることもある。左岸の分流は川幅が狭く木が被さって釣りづらいが、時に群れが入ってよい釣りも期待できる。

卒郡橋下流側。橋の上下は平瀬や瀬の流れが多い

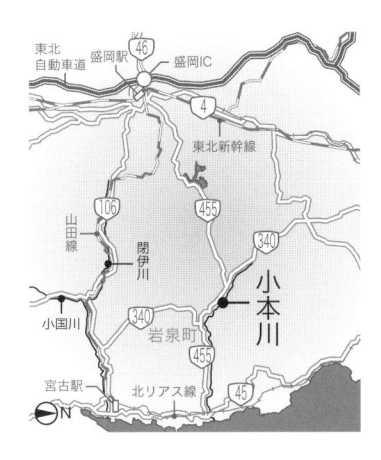

中里橋下流を望む。右岸側が本流の流れ

information
- 河川名　小本川
- 釣り場位置　岩手県下閉伊郡岩泉町
- 解禁期間　7月第2日曜～11月30日
- 遊漁料　日釣券1400円・年券7000円
- 管轄漁協　小本河川漁業協同組合（Tel0194-28-2063）、小本川漁業協同組合（Tel0194-22-3550）
- 最寄の遊漁券取扱所　藤清商店（Tel0194-22-5581）、中島理髪店（Tel0194-25-5173）
- 交通　東北自動車道・盛岡ICを降り、国道46、455、340号を経由して小本川へ

●中里橋～赤鹿橋

中里橋から約1km上流に堰堤があり、中州で流れが分かれるがアユが付いていればよい釣りができる。堰堤上はトロであまり期待はできないが、その上の瀬から赤鹿橋下流の崩れた堰堤までの区間は、川幅も広くトロ瀬、平瀬、ザラ瀬と続き、引き釣りが得意な釣り人にはおすすめのポイント。駐車スペースも各所にあり入川も楽だ。

●赤鹿橋～袰野大橋

約1kmの流れとなるが、道路から川が離れているので入川しづらい。国道から赤鹿橋を渡りすぐ右折すると、未舗装路ながら袰野堰堤の右岸側まで行くことができ、その途中に何個所か入川口がある。袰野堰堤下流20m、上流100mは禁漁区となるので注意。

●袰野大橋～乙茂橋

袰野大橋から上流は小本川漁協の管

轄となる。大橋上流約3kmに乙茂橋があり、その手前にある道の駅・いわいずみ裏手にふれあい橋が位置する。橋上流の老人ホームふれんどりー岩泉裏手の瀬もよい橋の入った流れだ。橋から下流は500mほどザラ瀬、平瀬が続いてガンガン瀬へと落ちていく。広い駐車場もあり、道の駅前の藤清商店で遊漁券、オトリも手に入るので入川もしやすい。

乙茂橋下流右岸から猿沢川が合流しており、そこから下流200m間もよい瀬が続き大淵へと流れ込んでいる。

●乙茂橋〜女神橋

乙茂橋の約3km上流に缺橋（かけばし）があり、橋を過ぎて缺トンネルを抜けると女神橋。缺橋下流から荷内川の吊り橋上流も瀬の続く好ポイント。缺橋下から女神橋間は川が大きく蛇行し、人工物がほとんど目に入らない自然のままの川相で気持ちのよい釣りが楽しめる。

赤鹿橋下流。多彩な瀬の流れで引き釣りが得意な釣り人にはおすすめ

袰野大橋上流。漁協の境界で、ここから小本川漁協の管轄となる

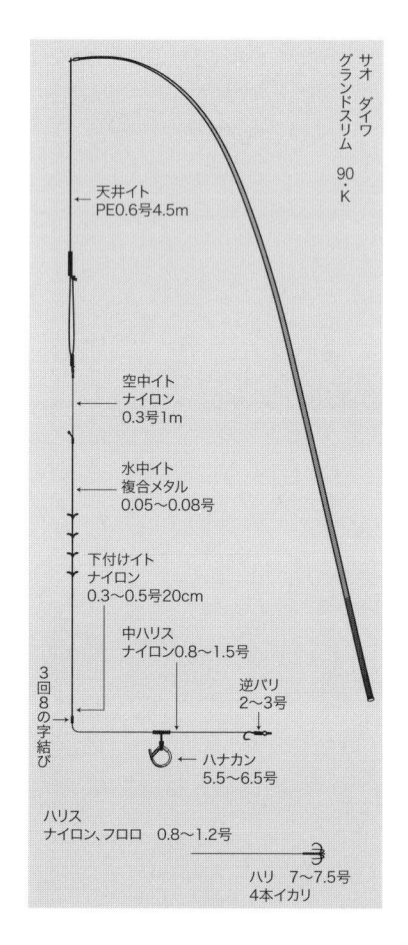

サオ　ダイワ　グランドスリム90・K

天井イト　PE0.6号4.5m

空中イト　ナイロン　0.3号1m

水中イト　複合メタル　0.05〜0.08号

下付けイト　ナイロン　0.3〜0.5号20cm

中ハリス　ナイロン0.8〜1.5号

3回8の字結び

逆バリ　2〜3号

ハナカン　5.5〜6.5号

ハリス　ナイロン、フロロ　0.8〜1.2号

ハリ　7〜7.5号　4本イカリ

●女神橋～岩泉橋

約5kmの流れで、女神橋を渡りしばらく行くと川は道路や町から離れて見えなくなる。次に見えるのが岩泉駅前に架かる岩泉橋だ。この橋の下流500mに泉橋、さらに500mほど下流に放水口がある。ここから惣畑橋、丹洞、鼠入川橋と続くが、この間の流れは放水口下流のガンガン瀬から平瀬、惣畑地区の瀬、丹洞のトロ瀬と大岩や岩盤、大トロなどダイナミックな川相を見せる。東北電力岩泉発電所放水口から下流50mは禁漁となるので注意されたい。

駅前に架かる岩泉橋の上下流は涸川

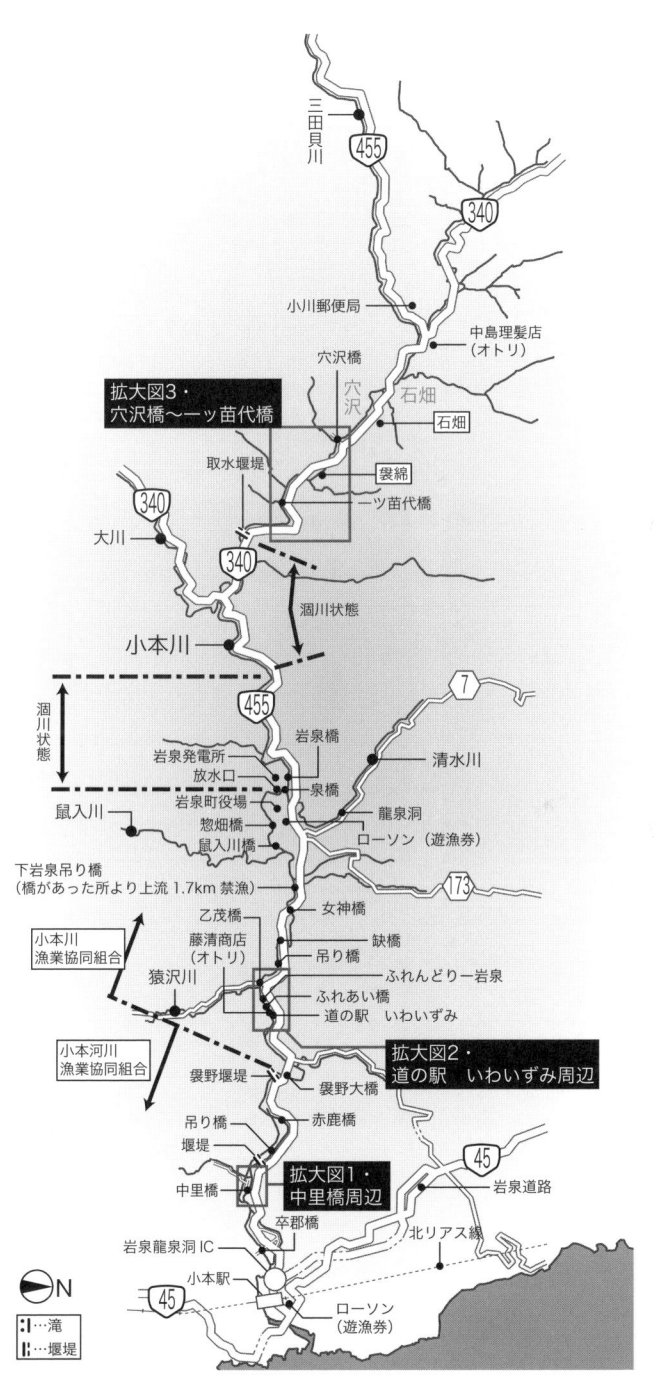

缺橋下流。女神橋間までは川が大きく蛇行し自然のままの川相を見せる

乙茂橋上流。広い駐車場もあり、道の駅前の藤清商店で遊漁券、オトリも手に入る

女神橋下流。解禁初期から良型が期待できるので仕掛けは太めで臨みたい

女神橋上流。瀬と大岩や岩盤、大トロなどダイナミックな川相

●一ツ苗代橋〜上流

　岩泉町の集落から約15km上流にある橋で、橋下流約1kmに取水堰堤がある。この橋から上流は裳綿、穴沢、石畑、小川と流れが続く。川幅も狭まり水量も少なくポイントの絞りやすい川相だが、木が被さる個所も多くなる。

　おすすめのポイントは一ツ苗代橋下流と穴沢橋下流。どちらも解禁から釣り人の姿が見られる好釣り場だ。石畑付近も開けた川相でサオがだしやすい。この区間は川も道路から近く駐車スペースにも困らない。足場もよく釣りやすい流れとなる。中島理髪店でオトリが手に入るが、あまり釣況が芳しくない時は置いていないこともあるで事

だがアユは放流されており、橋から見て姿が見えればサオをだしてみる価値はある。ただし群れアユが相手になるので泳がせ釣りで探らないと数を出すことは難しい。

78

前に連絡を入れたい。

平成26年はここ10年で一番好調の年となり、解禁日には放水口付近で束釣りも記録され、7月末には24cmを超す良型がサオを絞り込んでくれた。釣友の中には小本川だけで1000尾以上を釣りあげた猛者もいる。ただ場所ムラが激しく、釣れない場所はまったく反応がないこともあり、事前に情報を集めてから入川しないと好釣果は期待できない。

最後に、解禁初期から型がよく、お盆過ぎには25cmを超すアユが掛かりラインブレイクが多発。仕掛けは太め、予備も多めに持参されたい（斉藤）。

拡大図1・中里橋周辺

拡大図2・道の駅 いわいずみ周辺

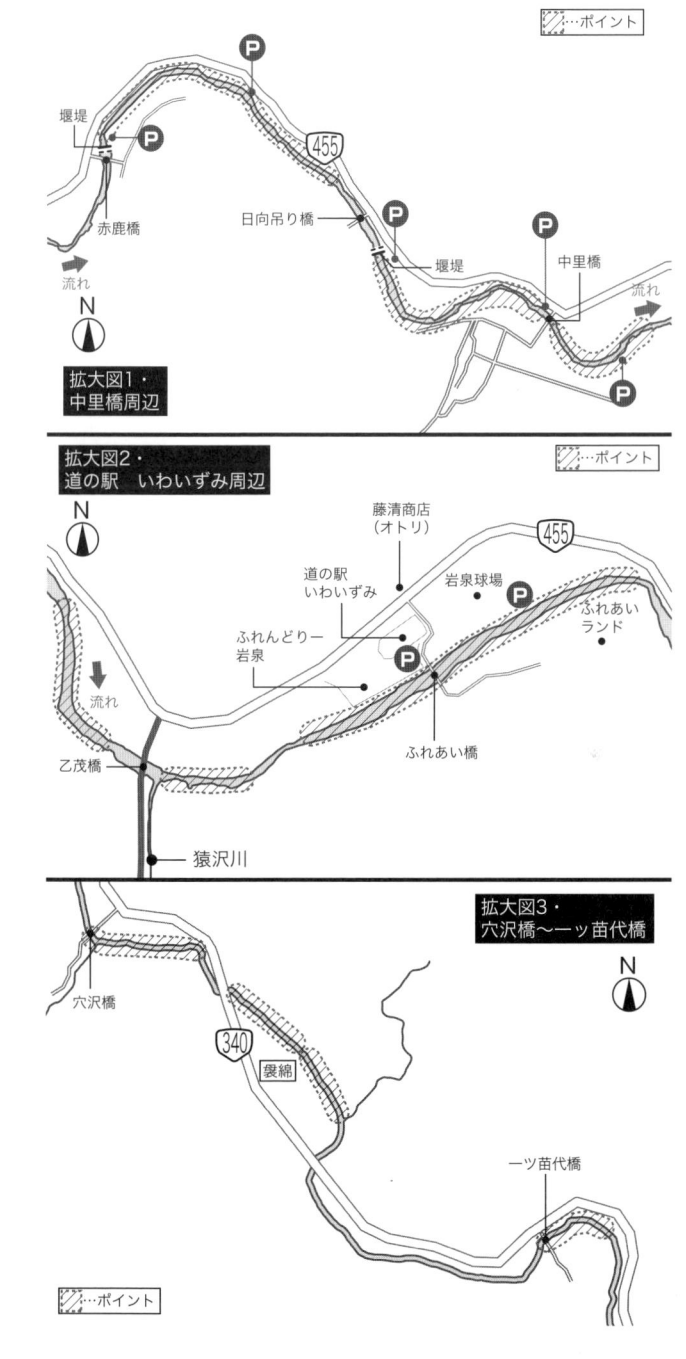

拡大図3・穴沢橋〜一ツ苗代橋

● 岩手県

閉伊川(へい)

川相、水質、アユの味ともに県内トップクラスの実力
実質約2ヵ月の短いシーズンだが3ケタ釣果も期待できる

ゆったり館下流のヤナ場を望む。ここでオトリ、遊漁券が入手できる

　兜明神岳(かぶとみょうじん)の北、岩神山・北上山系を水源とする閉伊川は、87kmの流程を経て三陸宮古湾へと注ぐ。盛岡市内から1時間程度で行くことができるアクセスのよいアユ釣り場だ。支流も多く、なかでも小国川、刈屋川は初期から安定した釣果が得られ、本流に劣らぬ有望な釣り場としても知られている。

　閉伊川の魅力は、なんといってもその川相とアユの質に尽きる。岩手には気仙川、雫石川、和賀川などヤマメやアユで全国的に名を馳せる川はあるが、水質・アユの香り・味で群を抜いていると思う。基本的に放流もなされているが天然ソ上も多い。

　遊漁期間は7月1日から11月30日までで、ガラ掛けは8月16日から、投網は8月29日から解禁となる。7月初旬は三陸特有のやませにより気温上昇が遮られ、9月に入ると朝晩の気温が10℃を下回ることもある。友釣り最適期の最終は9月中旬が目安となり、実質

80

information

- 河川名　閉伊川
- 釣り場位置　岩手県宮古市
- 解禁期間　7月1日～11月30日
- 遊漁料　日釣券1500円・年券1万円
- 管轄漁協　閉伊川漁業協同組合（Tel0193-62-8711）
- 最寄の遊漁券取扱所　釣名人（宮古市内。Tel0193-63-5271）、ヤナ場（新里地区。Tel090-4638-4620／担当・前ば）、中里政幸（川井地区。Tel090-2026-2091。北村）
- 交通　東北自動車道・盛岡ICを降り、国道46、106号を経由して閉伊川へ

2ヵ月ほどで閉伊川の短い友釣りシーズンは終わる。だからこそ、シーズン中は熱心に通うファンも多く、釣れるアユの希少価値も高い。

2014年度は好釣果に恵まれ、解禁から3ケタ超えの情報が飛び交った。8月の長雨には泣かされたが、シーズン中のアベレージでも50尾前後の釣果をマークした。

●ヤナ場、湯ったり館エリア

茂市の刈屋川合流の上流に「湯ったり館」という宿泊施設がある。河原でキャンプも可能で、入浴のみでも利用できるので覚えておくと便利だ。

下流にはヤナ場があり、ここでオトリ、遊漁券が入手できる。昔からこの上流は名の知れたポイントであるが、入川場所が分かりにくいのが難点。支流が国道下を通る小トンネルを利用して、そこを潜り抜けて河原へと出る。各駐車エリアは2～3台程度で、先客

が駐車している場所を目安にするのが無難だ。

● 腹帯エリア

だれもが知る有望エリア。上流に発電所があり、大量の水が放水口より排出され本流ならではの釣りが楽しめる。国道106号に架かる新腹帯橋の下流は大石と岩盤の流れで、上流はほどよく釣りやすい瀬となっている。

腹帯橋下流は淵から瀬になるが、石も大きく釣りにくいためサオ抜けになりやすい。上流は車も停めやすく入川しやすい。そのためイベントなどの集合場所にも利用される。橋下に深い淵が連続するので注意されたい。橋上は瀬としっかりとした流れとなる。放水口下流りとも楽しめる石が入り、泳がせ、引き釣りとも楽しめる。放水口上流は水量が大きく減水し、通称・涸川と呼ばれる地区となる。

ゆったり館前の川相。河原でキャンプも可能で、施設は入浴のみでも利用できる

腹帯橋を上流に見る。石も大きく釣りにくいためサオ抜けになりやすい流れだ

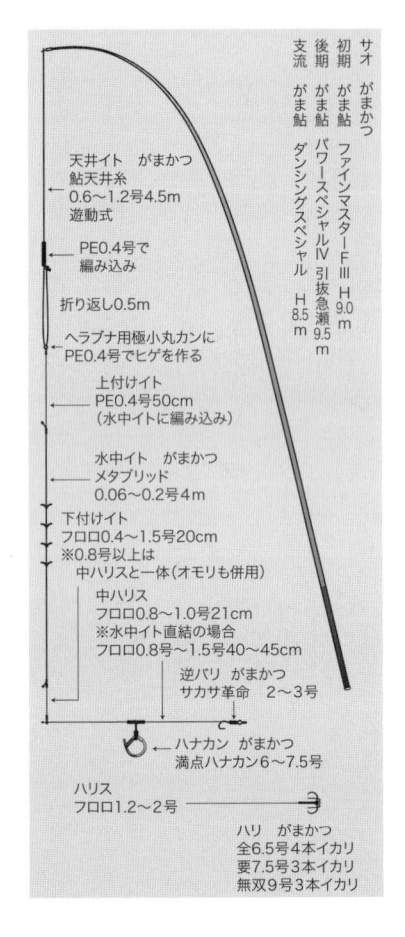

サオ　がまかつ
初期　がま鮎　ファインマスターFⅢ H9.0m
後期　がま鮎　パワースペシャルⅣ 引抜急瀬 9.5m
支流　がま鮎　ダンシングスペシャル H8.5m

天井イト　がまかつ
鮎天井糸
0.6～1.2号4.5m
遊動式

PE0.4号で
編み込み

折り返し0.5m

ヘラブナ用極小丸カンに
PE0.4号でヒゲを作る

上付けイト
PE0.4号50cm
（水中イトに編み込み）

水中イト　がまかつ
メタブリッド
0.06～0.2号4m

下付けイト
フロロ0.4～1.5号20cm
※0.8号以上は
中ハリスと一体(オモリも併用)

中ハリス
フロロ0.8～1.0号21cm
※水中イト直結の場合
フロロ0.8号～1.5号40～45cm

逆バリ　がまかつ
サカサ革命　2～3号

ハナカン　がまかつ
満点ハナカン6～7.5号

ハリス
フロロ1.2～2号

ハリ　がまかつ
全6.5号4本イカリ
要7.5号3本イカリ
無双9号3本イカリ

● 涸川エリア

涸川とは、川井取水堰堤から腹帯放水口までの区間を差す。発電所などに水が送られるため、減水した流れとなっている。川底が見えるので浅瀬と勘違いしてしまうほどの透明度で、水質のよさを誇る。

放流量も多く、水量の多い初期から釣りやすく、中期以降は型もよくなり終盤までコンスタントに釣果が得られる。ただし、岩盤相が多く非常に歩きにくい場所が多いため、転倒してケガをしてしまうケースや、サオを折るトラブルもよく聞く。無理をせず、川を歩く際は充分に注意して頂きたい。なお、川井取水堰堤の上下流100mは禁漁区となっている。

● 小国川合流から箱石エリア

このエリアが面白くなるのは終盤である。25cm以上の良型ねらいで訪れる釣り人も多いが、入川場所が限られる。

腹帯放水口下の流れ。しっかりとした石が入り、泳がせ、引き釣りとも楽しめる

涸川エリアに架かる古田橋より上流を望む。中期以降は型もよくなり終盤までコンスタントに釣果が得られる

涸川エリアに架かる大澤橋より上流を望む。放流量も多く、水量の多い初期から釣りやすい

箱石橋より下流を望む。岩盤の淵と木が覆い被さり釣りにくいぶん、サオ抜けも多い

本流上流から小国川合流点を望む。終盤には25cm以上の良型がねらえる

支流の小国川合流付近も川幅も広いが、この上流はグッと狭まる。片巣橋付近は開けていてまだ釣りやすいが、短ザオが有効だ。

箱石橋上下流は人気ポイントの1つ。箱石中学校付近は、川相はよいが岩盤の淵と木が覆い被さり釣りにくい。しかしサオ抜けも多くアユが残りやすい。また入川しにくいことも良型が残りやすい利点になっている。オトリ店は箱石橋下流と小国川出合下流にあり、ピンク色のノボリが目印となる。

●鈴久名から川内エリア
友釣り最上流エリアで、渓流相となってくる。所々に開けた場所があり、地元の釣り人の避暑地となっている。鈴久名には義経伝説にまつわる鈴ヶ神社があるので、釣行の際にぜひ立ち寄って伝説に触れてほしい。
また、川内には道の駅やまびこ産直館がある。ここを目的に遠方より訪れ

84

る人も多く、地域の特産物である山菜、キノコ、木製品などが購入できる。

● 支流・小国川エリア
川井取水堰堤上流で合流する小国川は延長おおよそ26km。旧川井村（現宮古市）に隣接する遠野市、大迫町をまたぐ白見山を水源とする。川は国道340号沿いを蛇行しながら流下する。川幅は狭くなるが、閉伊川水系で最も美味いアユの川として訪れる釣り人が絶えない人気の河川だ。アユの放流量も多く、初期から数が釣れる。放流は上流の繫橋までとなっているが、さらに上流の大久保橋付近

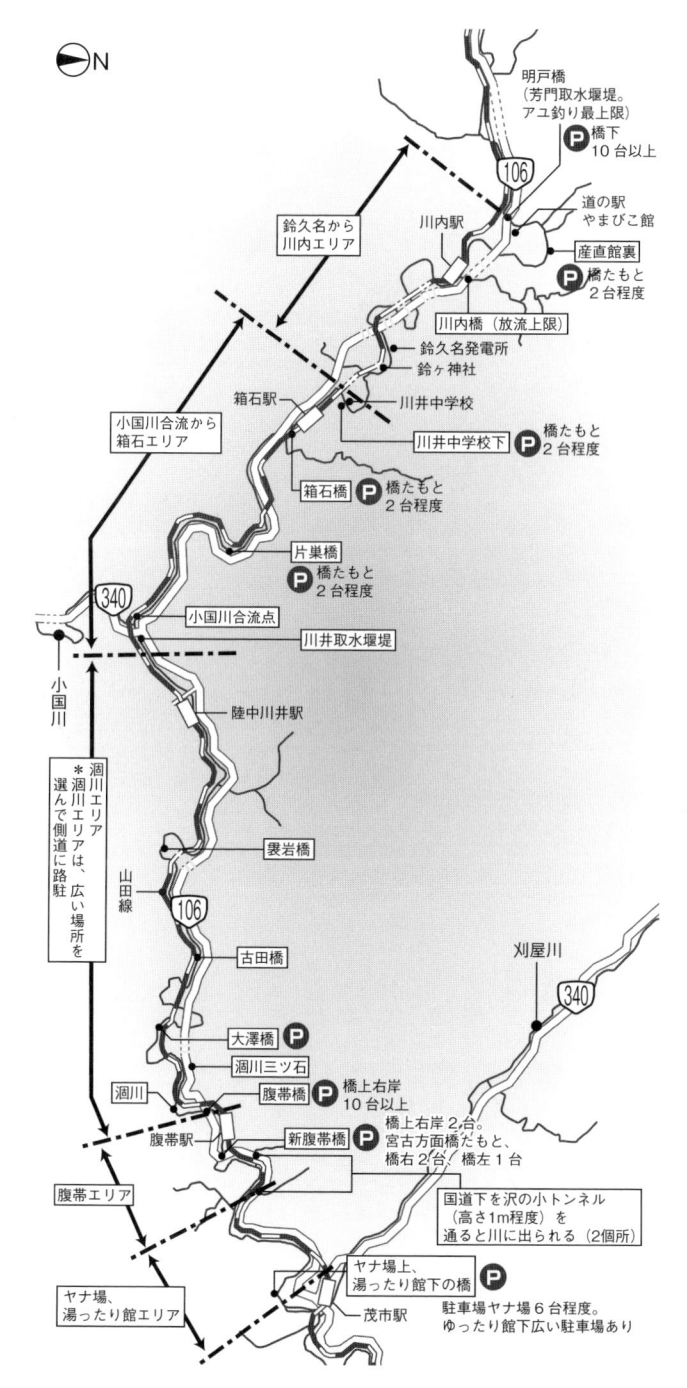

地図ラベル（北から南へ）:
- 明戸橋（芳門取水堰堤。アユ釣り最上限）
- 106
- 橋下 10台以上 P
- 道の駅 やまびこ館
- 川内駅
- 産直館裏
- 橋たもと 2台程度 P
- 鈴久名から川内エリア
- 川内橋（放流上限）
- 鈴久名発電所
- 鈴ヶ神社
- 箱石駅
- 川井中学校
- 川井中学校下 橋たもと 2台程度 P
- 小国川合流から箱石エリア
- 箱石橋 橋たもと 2台程度 P
- 片巣橋 橋たもと 2台程度 P
- 340
- 小国川合流点
- 川井取水堰堤
- 小国川
- 陸中川井駅
- *洞川エリアは、広い場所を選んで側道に路駐
- 喪岩橋
- 山田線
- 106
- 古田橋
- 刈屋川
- 340
- 大澤橋 P
- 洞川三ツ石
- 洞川
- 腹帯橋 橋上右岸 10台以上 P
- 腹帯駅
- 新腹帯橋 橋上右岸 2台。宮古方面橋たもと、橋右2台、橋左1台 P
- 腹帯エリア
- 国道下を沢の小トンネル（高さ1m程度）を通ると川に出られる（2個所）
- ヤナ場上、湯ったり館下の橋
- ヤナ場、湯ったり館エリア
- 茂市駅
- 駐車場ヤナ場6台程度。ゆったり館下広い駐車場あり

川井中学校付近の流れ。川幅が
グッと狭まり短ザオが有効だ

小国川・繋橋下流の川相。
アユの放流量も多く、初期
から数が釣れる

友釣り最上流エリアとなる芳
門取水堰堤を望む。所々にあ
る開けた場所がねらいめだ

までアユ釣りが可能である。初期は小国川で種アユを確保して本流を流す釣り人も多い。

小国川への入川は、橋前後が基本となるが、通えばほかの入川場所も見えてくるだろう。ぜひ足を運んで美味いアユを堪能して頂きたい。

最後に、閉伊川はサクラマス、ヤマメの人気が高く訪れる釣り人も多いが、駐車スペースが少ないのが難点。ただし、離れた釣り場まで足を使うと爆釣する場合も多い。地元住民や他の釣り客とトラブルにならないように駐車することを心掛けていただきたい。

川相、水質ともに抜群の流れで気持ちよいアユ釣りを堪能され、釣れたアユに舌鼓を打ってほしい。その美味しさに、必ずや再度の釣行を計画されること間違いなしだ（佐藤）。

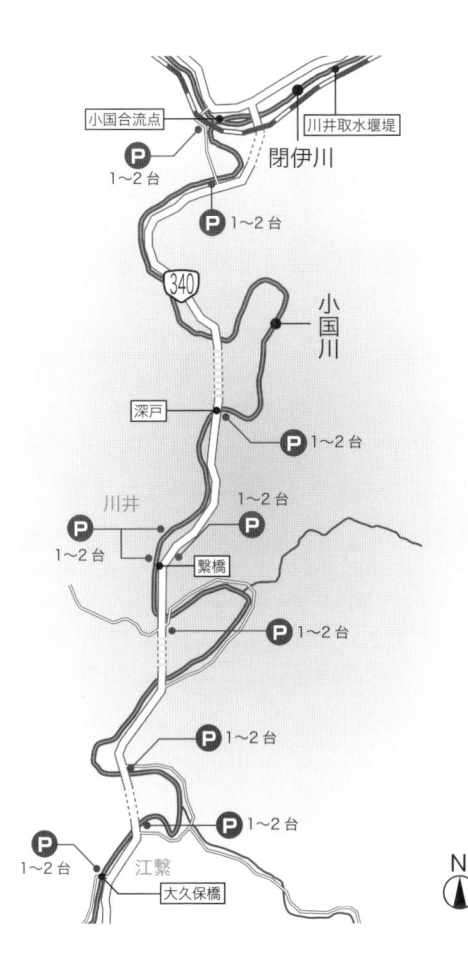

閉伊川のアユ。その香り・味は県内でも群を抜いている

小国川・深戸付近の流れ。閉伊川水系で最も美味いアユが釣れる

● 岩手県

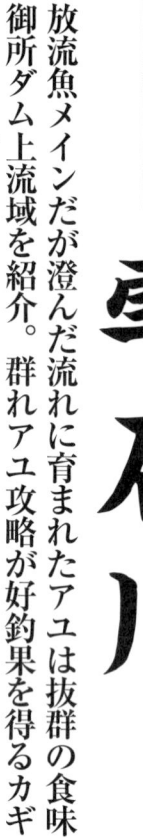

雫石川
しずくいし

放流魚メインだが澄んだ流れに育まれたアユは抜群の食味
御所ダム上流域を紹介。群れアユ攻略が好釣果を得るカギ

雫石大橋より上流を望む。岩盤や大岩が点在し変化に富んだ流れでポイントも多い

御明神橋より下流を望む。比較的流れも穏やかでシーズンを通して魚影も多い

　雫石川は岩手と秋田の県境に位置する秋田駒ヶ岳を水源に、途中で葛根田川と合流、御所ダムを経て北上川に流入する全長33kmの一級河川である。
　御所ダム下流の鹿妻穴堰を境に、上流域を雫石川漁協、下流域を雫石川東部漁協と管理する漁協が2つに分かれているため、遊漁券を購入の際には注意が必要だ。
　ここで紹介するのは、御所ダム上流

information

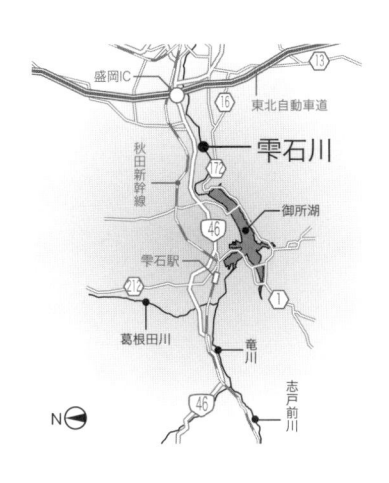

- ●河川名　北上川水系雫石川（竜川）
- ●釣り場位置　岩手県岩手郡雫石町
- ●解禁期間　7月5日〜11月30日
- ●遊漁料　日釣券1700円・年券1万円
- ●管轄漁協　雫石川漁業協同組合（Tel0196-92-0569）
- ●最寄の遊漁券取扱所　下黒沢商店（Tel019-692-2879）
- ●交通　東北自動車道・盛岡ICを降り、国道46号を経由して雫石川のポイントへ

　域の雫石川漁協が管理するエリア。ダム上流ということもあり、釣れるアユは100％放流魚となるが、河川環境、水質にも恵まれ育ったアユは、清流めぐり利き鮎会でグランプリに輝くほどの美味しさでも知られ、そのアユを求めて多くの釣り人が訪れる。

　雫石川は他河川に比べて年間を通して水温が低く、初めて訪れる釣り人は水の冷たさに驚くかもしれないが、低水温に馴れているアユは朝イチから釣り人を楽しませてくれる。ただ、放流河川ということもあり、群れアユ攻略が好釣果を得るカギとなる。

　本流筋となる竜川と、同規模の支流・葛根田川が合流して雫石川となるのだが、水源が異なる流れは水温やアユの成育状況にも若干の差が生じることもあり、雨天時の水量、濁り具合にも違いがある。このため、一方の川で釣果が芳しくない時や水況が悪いようなら、迷わず川替えするとよい。共通

の遊漁券でサオがだせる利点でもある。ただ、近年のゲリラ豪雨による急激な川の増水による被害も出ており、特に竜川で釣りをする際は無理をしないよう注意されたい。

●雫石大橋周辺

このエリアは竜川と葛根田川の合流点となり水量が多く、川幅もあって広大なスケールでアユ釣りが楽しめる。

毎年7月下旬から終盤の落ちアユシーズンまで楽しめ、釣れるアユのサイズも竜川より若干大きめなので、仕掛けはワンランク上を用意して臨みたい。

合流点から下流域はザラ瀬やトロ瀬が広がり、丹念に瀬の筋を探るとよい。特に私がおすすめしたいのはトロ瀬型のよいアユが多く群れていることがあり見逃せない。

雫石大橋周辺は、合流点付近とは異なり岩盤や大岩が点在する変化に富んだ流れでポイントも多い。ただ、釣果

春木場橋より上流を望む。岩盤と大小さまざまな石で形成された流れを見せる

マスターズ会場前の流れ。入川しやすくシーズンを通して魚影も多い

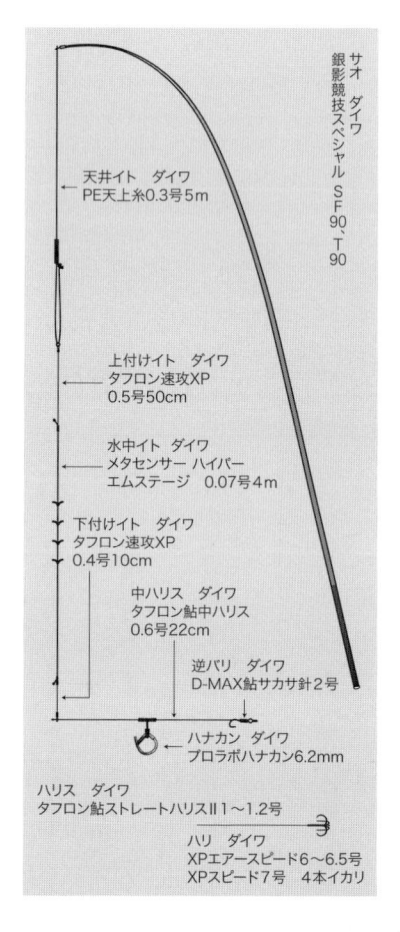

サオ　ダイワ
銀影競技スペシャルSF90、T90

天井イト　ダイワ
PE天上糸0.3号5m

上付けイト　ダイワ
タフロン速攻XP
0.5号50cm

水中イト　ダイワ
メタセンサー ハイパー
エムステージ　0.07号4m

下付けイト　ダイワ
タフロン速攻XP
0.4号10cm

中ハリス　ダイワ
タフロン鮎中ハリス
0.6号22cm

逆バリ　ダイワ
D-MAX鮎サカサ針2号

ハナカン　ダイワ
プロラボハナカン6.2mm

ハリス　ダイワ
タフロン鮎ストレートハリスⅡ1～1.2号

ハリ　ダイワ
XPエアースピード6～6.5号
XPスピード7号　4本イカリ

にムラがあるため、早めに見切りを付けることも大切。

● 御明神橋周辺

岩盤と大小さまざまな石で形成され、比較的流れも穏やかでシーズンを通して魚影も多い。春木場橋下左岸にはオトリ店と広い駐車スペースがあり、入川もしやすい。

人気エリアだけに釣り人の姿も絶えないが、放流量も多いため釣りきられることはまずない。必ず流れのどこかで掛かるため、周りの状況を把握しつつポイントを的確に捉えたい。

おすすめは分流や支流の流れ込みで、型は望めないが場所によっては大当たりを引くこともあるので、小さな流れでもダメ元でサオをだしてみたい。

このエリアには春木場橋、御明神橋と2つの橋があるので、入川前に橋の上から川を見てポイントを絞るとよい。

昇瀬橋より下流を望む。岩盤底の掘れ込みに入った玉石にアユが付く

高圧線下は変化に富んだ流れで好みに合わせて釣り場を選択できる

●マスターズ会場前

大きく蛇行した流れで、岩盤や大岩で形成された淵が数個所ある。シーズンを通して魚影も多い。両岸に道があり、右岸側には大会などで使用する駐車スペースも設けられて入川しやすい。このエリアの最大の特徴は、淵に大量のアユがストックされていること。

淵のアユは時間の経過や水温の変化で瀬やカケアガリに差してくるため、アユの動きに注意して行動パターンをつかめるかどうかが釣果を左右する。

そして飽きのこない程度にポツポツと釣れるため、一日腰を据えてもよい。

●高圧線周辺

変化に富んだエリアで瀬、トロ、チャラと好みに合わせて釣り場を選択できる。シーズンを通して魚影も多く、解禁日から終盤まで賑わいを見せる。多彩なポイントが続くので、1個所で粘らずアユの動きを見ながら移動して探りたい。特に高圧線下流に位置する大岩で形成された瀬では、追星くっきりのアユがサオを絞ってくれる。

●昇瀬橋周辺

駐車スペースが少なく、チャラ瀬が大きいせいか、時期によって釣果にムラが大きいか、比較的釣り人が少ないエリア。それだけに情

拡大図1・雫石大橋周辺

葛根田川
流れ
ザラ瀬
トロ瀬
ザラ瀬
ガンガン瀬
大岩
トロ瀬
岩
大岩が点在
雫石大橋
雫石駅
農道
農道

拡大図2・御明神橋周辺

春木場駅
↑至国道46号
下黒沢商店(オトリ)
御明神橋
Co-op
トロ
チャラ瀬
ザラ瀬
流れ
春木場橋
岩盤
大小の岩が点在
分流
分流
ザラ瀬
チャラ瀬
トロ
ザラ瀬
分流
ザラ瀬
トロ

92

報も少ないが、時に思いもよらぬ好釣果も期待できるので見逃せない。岩盤と大小さまざまな石で形成された流れは所々に掘れ込みがあり、その中に入っている玉石にアユが付く。泳がせ釣りで丹念に探ると結果が出る。ポイントによってムラがあるため1個所で粘らず、足で釣果を稼ぎたい。過去に30分で20㎝級を10数尾手にしたこともあり、タイミングが合えば必ず楽しい釣りができるはずだ（前川）。

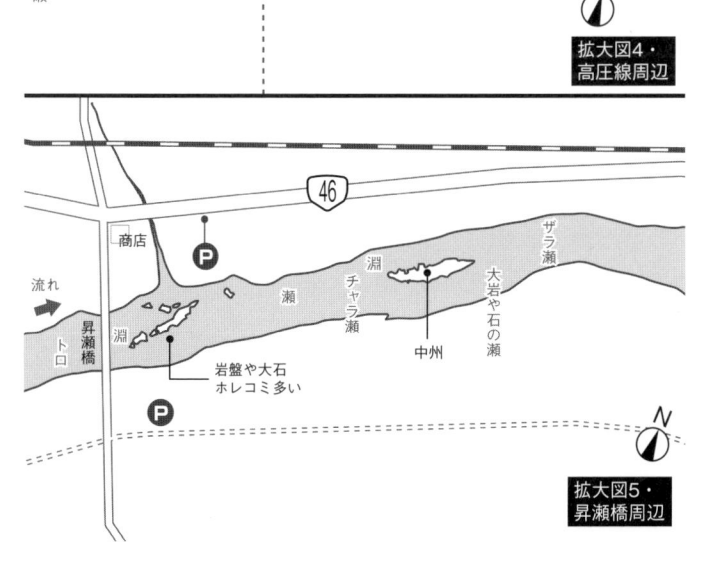

●岩手県

和賀川

北上川合流地点まで下流域の主なポイントを紹介
午前と午後2つの顔を持つ流れ。ダム放水で流れが一変

奥羽山脈の和賀岳を源に岩手県中部を流れる和賀川は、湯田ダムを境に上流部を西和賀川淡水漁協、下流部を和賀川淡水漁協が管轄している。ここでは、和賀川淡水漁協が管理している下流部の北上川合流地点までの主なアユ釣りポイントを紹介したい。

まず概要として、和賀川は午前と午後の2つの顔を持つ岩手では珍しい河川。上流部にある湯田ダムが定期的に発電放水をするため、毎日午後に水位が変わり流れが一変するのだ。ダム放水放送後約20～30分以内に水位が増してくる。結構な速さで増水するためオトリ缶などが流されないよう気を付けたい。釣行時には必ず情報を入手してから現場に入ることをおすすめする。下流部に設置された和賀川ふれあいやな場（オトリ、遊漁券販売）では、ダム情報のほかアユの釣況なども入手できるので利用されたい。

●九年大橋～和賀大橋

九年大橋上流部（拡大図2）に和賀川ふれあいやな場の施設があり、大きな中州で左右に川が分かれている。ヤナ場左岸のトロ瀬は初期に実績のある流れ。そこから下流が瀬のポイントで、ダム放水後は急瀬に変わり、下流側のトロ場からソ上した攻撃的な野アユが果敢にアタックしてくるため、盛期には多少太めの仕掛けを準備したい。

94

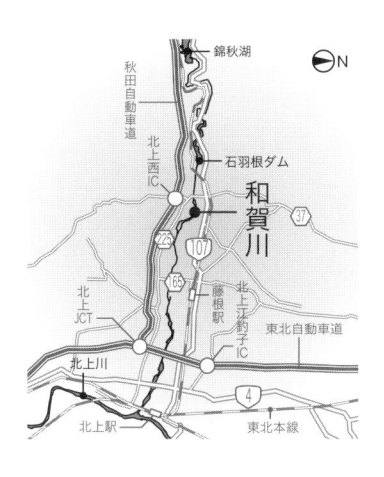

information

- 河川名　北上川水系和賀川
- 釣り場位置　岩手県北上市
- 解禁期間　7月1日〜12月31日
- 遊漁料　日釣券1500円・年券8500円
- 管轄漁協　和賀川淡水漁業協同組合（Tel0197-64-7473）
- 最寄の遊漁券取扱所　和賀ふれあいやな場（Tel0197-67-2919）
- 交通　東北自動車道・北上江釣子ICを降り、国道107号を経由して和賀川の各ポイントへ

和賀川ふれあいやな場左岸のトロ瀬は初期に実績のある流れ

九年大橋直下の下流左岸（拡大図1）は瀬からトロ瀬と続き、その下に岩盤の瀬が点在する。シーズンを通して数釣りが楽しめるエリアだ。特に8月のお盆頃にかけてがおすすめで、20〜25cmの追星の鮮やかな黄金色のアユが活発に追ってくる。

ヤナ場の右岸は九年大橋上下の瀬がポイント。特に初期に実績があり、放水後は急瀬に変わりポイントが限られるため移動されたい。

この地区の駐車スペースは、ふれあいやな場へ駐車して徒歩移動で釣り場へ向かう。また九年大橋たもとに公園の駐車場（トイレ完備）があり、左岸への入川時に最適だ。

国道4号線に架かる和賀大橋の上流部も見逃せない。トロから平瀬、トロ瀬と続く流れがおすすめで、初期に数釣り、終盤には大アユが掛かる。また放水によって急瀬に一変するとアユ釣りの醍醐味を堪能できる流れとなる。

●東北自動車道付近〜広表橋周辺

このエリアは各種アユ釣り大会の会場にも使用される、和賀川を代表するメインステージで多彩で変化に富んだ流れを見せる。

東北自動車道上流（拡大図3）は、平水時に中州が現われ右岸、左岸に流れが分かれる。左岸はチャラ瀬から瀬落ちまでハミ跡、流心を引いての釣り方がおすすめで、盛期には良型が期待できる。放水後は下流にある深トロからソ上したアユが活発に追ってくるため、仕掛けを太くしてから積極的に流したい。右岸は岩盤と瀬が連続し、瀬肩を中心に探ると数がでる。

東北道の直下は放水後に荒瀬に変わるので注意が必要。川幅も広く川切りも困難だ。駐車場はグリーンパークが利用できるため150台以上が停められる。また、北上市の各種運動施設があり、春から秋にかけてはバーベキューなどをする家族連れや若者のグループなどで賑わう場所だ。

広表橋下流（拡大図4）は深トロ、チャラ瀬、急瀬、荒瀬（ダム放水後）など、変化に富んだ流れで一日中多彩なアユ釣りが楽しめる。駐車場前がトロ瀬のため、泳がせ釣りで探るとよい。特に平水時（放水前）がねらいめで、アユの跳ねが見られた時などはチャンス到来だ。

左岸の大石周りは、特にダム放水後

の増水時に豪快な引きを味わうことのできるポイント。シーズンを通して友釣りが可能で、初期は数釣り、盛期は良型が期待できる。

右岸は瀬肩から瀬落ちのヘチ（岸寄れアユの回遊が確認できればサイトフィッシングも楽しめ、入れ掛かりも夢ではない。

仕掛けだが、初期は水中イトにフロロカーボン0・125～0・15号、ハリは5・5～6・0号を主に使用。盛期

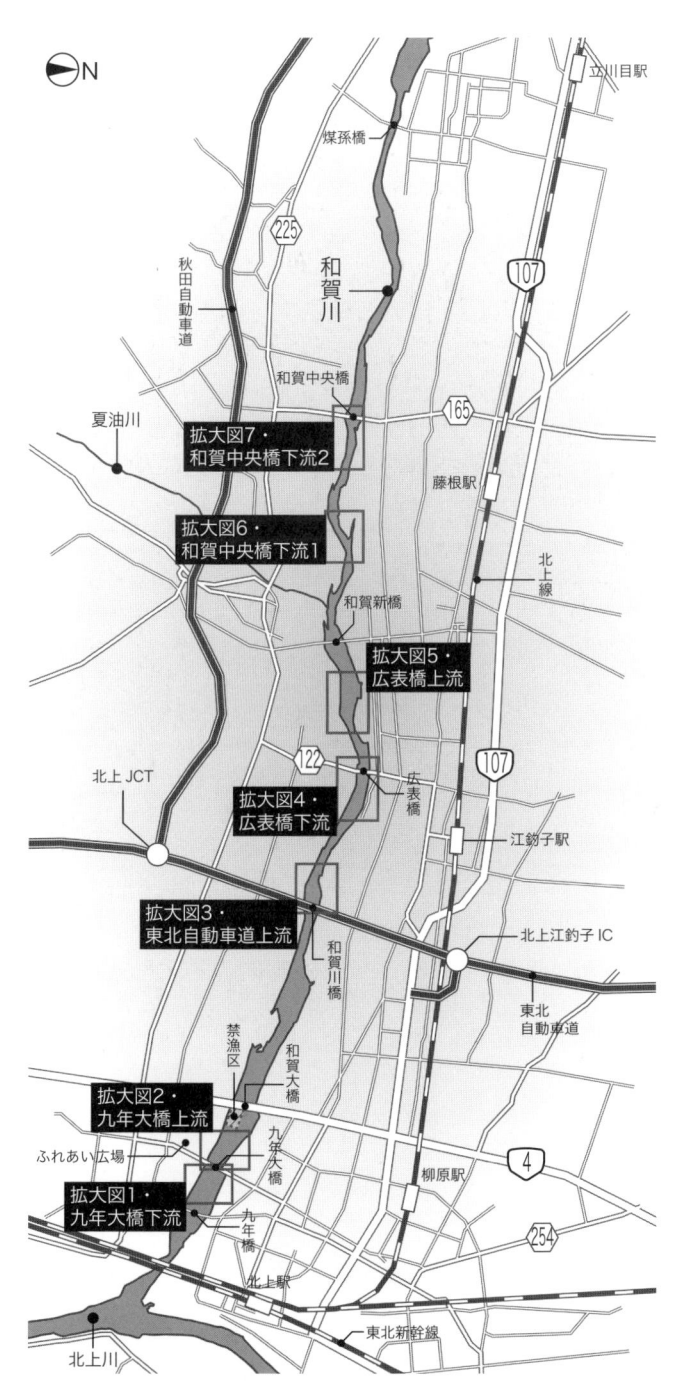

り）、トロ瀬と続き、丹念に流すと数が望める。ただし、良型にしばしば仕掛けを切られるため、それなりの心構えが必要。また、平水時や渇水時に群

ヤナ場下流の右岸を望む。放水後は急瀬に変わりポイントが限られる

九年大橋下流の右岸を望む。瀬がポイントで特に初期に実績がある

九年大橋直下の下流左岸を望む。瀬からトロ瀬と続き、その下に岩盤の瀬が点在する

に入ると金属イト0・05〜0・08号、ハリは7・0〜7・5号以上で釣ることもある。

広表橋上流（拡大図5）はチャラ瀬の上にトロ瀬が広がり、時期を間違わなければ数釣りが可能。過去には盛期の渇水時に入れ掛かりを堪能したこともある。ここで注意したいのが、左岸の流れ込み付近でクマの出没が報告されていること。釣行される際はクマ避けの鈴など装備を万全にしたい。

●和賀中央橋周辺

和賀中央橋下流1・5kmの区間は多彩なポイントの連続で、初心者からベテランまで幅広く楽しめる。中央橋下流（拡大図6）は中州によって右岸、左岸と流れが2分される。右岸は川幅が狭いがなかなかの瀬で、このエリアでは穴場的な場所だ。地元の釣り人が楽しむくらいで、駐車スペースも近くになく入川しづらいうえ、右岸から川

98

切りしてサオをだすこととなる。左岸はチャラ瀬から急瀬と続く流れが好ポイントで、瀬の中の変化や石周りの筋を丹念に探るとよい。特に早朝がねらいめで、初期から盛期にかけて天然ソ上の数釣りが楽しめる。仕掛けだが、盛期からは水中イト複合メタル0・08〜0・125号がおすすめ。ハリは急瀬では2〜3本、8号のチラシ仕掛けを準備しておけばよいだろう。7・5〜8・0号の3〜4本イカリでもよい。急瀬を探る際は2〜4号のオモリもお忘れなく。中州を過ぎ、合流点からトロ瀬となる。初期から盛期にかけて群れアユが

シーズンが進むにつれて大型が期待できる

広表橋下流左岸の大石周りは、特にダム放水後の増水時に豪快な引きが味わえる

広表橋下流の川相を望む。変化に富んだ流れで一日中多彩なアユ釣りが楽しめる

和賀中央橋より下流では中州によって右岸、左岸と流れが2分される

広表橋上流はチャラ瀬の上にトロ瀬が広がり、時期を間違わなければ数釣りが楽しめる(クマに注意)

数多く見られるエリア。泳がせ釣り主体で、サイトフィッシングでも好釣果が期待できる。ただし放水後は水量が増してポイントがなくなるため、上下流へ移動したい。川切りも困難となるので注意されたい。

細イト仕掛けがおすすめで、フロロカーボン0・15〜0・175号がベスト。ハリは5・5〜6・5号の3〜4本イカリに実績がある。

和賀中央橋より下流1・3kmの二股に分かれた流れ(拡大図7)もねらいめだ。平水時(渇水時)に中州が現われ、瀬肩から瀬にかけて好ポイントが続く。特に瀬肩のチャラ瀬は、初期から盛期にかけて入れ掛かりの実績が数多い1級の流れ。下流の瀬も同様の実績ポイント。

放水後は急瀬、荒瀬に変わり、豪快な振り子抜きの取り込みでないと難しいほど水量は増すが、野アユとの駆け引きが楽しめる。

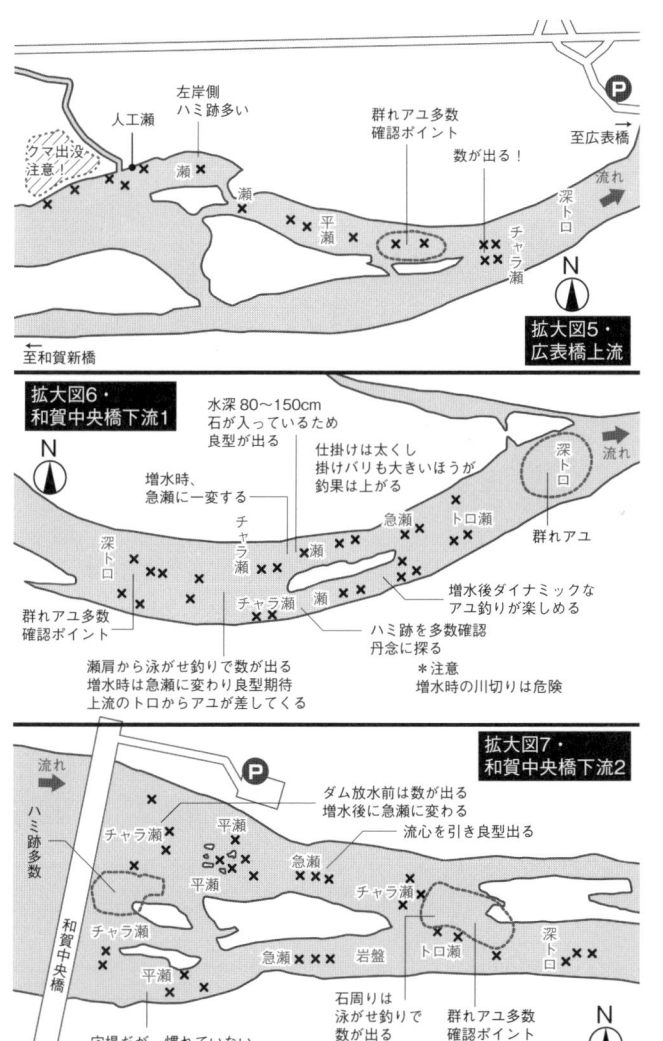

和賀中央橋の下流
左岸はチャラ瀬か
ら急瀬と流れが続
く好ポイント

増水すると上流の深トロから良型のアユが差してくるので、変化のある筋を一定の速度で引き、追いを待ちたい。当然、大アユ仕掛けがベスト。水中イトは複合メタル0・15号以上が必要。掛けバリも8・0号4本イカリ〜チラシバリ8・0〜8・5号と、オモリ3〜5号を準備されたい。

最後に、和賀川一帯は自然豊かな地区を流れているため、各種野生動物が生息する。特に最近はクマの出没情報が盛んに聞かれ、釣り人が遭遇する頻度も増えた。くれぐれも釣行の際は安全に、また情報収集をして楽しい釣りを心掛けていただきたい（佐々木）。

拡大図5・広表橋上流
- クマ出没注意！
- 人工瀬
- 左岸側ハミ跡多い
- 瀬
- 平瀬
- 群れアユ多数確認ポイント
- 数が出る！
- チャラ瀬
- 深トロ
- 流れ
- 至広表橋
- 至和賀新橋
- N

拡大図6・和賀中央橋下流1
- N
- 流れ
- 深トロ
- 群れアユ多数確認ポイント
- 増水時、急瀬に一変する
- チャラ瀬
- 瀬
- 急瀬
- トロ瀬
- 群れアユ
- 水深80〜150cm 石が入っているため良型が出る
- 仕掛けは太くし掛けバリも大きいほうが釣果は上がる
- 増水後ダイナミックなアユ釣りが楽しめる
- ハミ跡を多数確認丹念に探る
- 瀬肩から泳がせ釣りで数が出る
  増水時は急瀬に変わり良型期待
  上流のトロからアユが差してくる
- ＊注意
  増水時の川切りは危険

拡大図7・和賀中央橋下流2
- 流れ
- ハミ跡多数
- チャラ瀬
- 平瀬
- 急瀬
- 岩盤
- トロ瀬
- 深トロ
- 和賀中央橋
- ダム放水前は数が出る増水後に急瀬に変わる
- 流心を引き良型出る
- 石周りは泳がせ釣りで数が出る
- 群れアユ多数確認ポイント
- 穴場だが、慣れていない釣り人は入川が難しい
- N

●岩手県

気仙川(けせん)

変化に富んだ川相と良質な水が天然ソ上アユを育む
初期は下流部で束釣りも。中流部は良型がサオを絞る

金成橋付近の流れ。平瀬やトロ瀬が続き、泳がせ釣り向きのポイント

　気仙川は岩手県気仙郡住田町の高清水山を源に、大股川、矢作川など数多くの支流を合わせながら陸前高田市を流下し、広田湾に注ぐ延長47kmの河川である。アユやヤマメ、イワナ、サクラマスなどの魚類が多く生息し、変化に富んだ川相と水質のよさから、シーズン中は多くの釣りファンで賑わう。
　ここではフィールドを下流、中流、上流と大きく3つに分けて解説したい。

　下流部となる陸前高田市の横田地区は瀬やトロ場が続き、天然ソ上が多いため、解禁初期は小型ながらも数釣りが可能。例年、束釣りの声も聞かれる。川幅もあり、泳がせ、引き釣りなどいろいろなスタイルで楽しめる。
　陸前高田市と住田町との境あたりから中流部となり、これぞ気仙川という流れに変貌する。瀬の多い変化に富んだ流れで、早瀬や荒瀬、岩盤、大石の点在する好ポイントが連続する。
　大型が望め、瀬釣りファンにはたまらない川相だが、見た目以上に流れの押しが強い。透明度も高いので、水深の目測を誤らないように。川切りなどをする際は充分注意されたい。
　友釣りでの上限にあたる地区が上有住(かみあり)地区。川沿いにある住田高校から上流へ行くにつれて渓流相が増し、ボサや木が覆い被さる流れが多くなるため攻略も難しくなる。そのぶんサオ抜けになりやすいので思わぬ大釣りに当た

ることもある。短ザオでじっくりねらいたい。比較的入川しやすい下流域、中流域が釣り人で混雑している時は、上流部に足を運んでみるのも手だ。

●下流部・金成橋付近

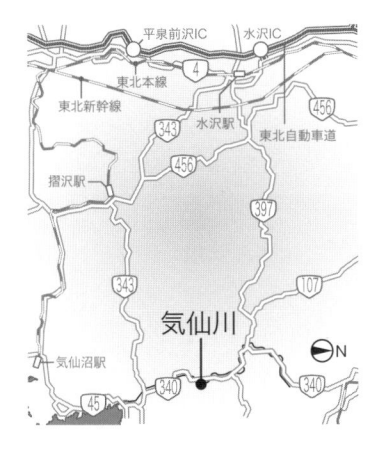

平瀬やトロ瀬が続き、泳がせ釣り向きのポイントが多く存在する。天然ソ上も多く解禁初期は人気は高い。流れも穏やかで解禁初期は初心者も安心してサオがだせる。橋上流は水害対策の工事により、平坦な流れが多くなったが流心のカケ

アガリや流れの当たるエグレなど、アユの好む場所は多い。
注意点として、金成橋上流橋端より上流50m、下流橋端より100mの区間は魚道などがあり釣り禁止区域となっているので、厳守されたい。初めての人は、看板が立てられているので場所を確認してから入川されるといい。
金成橋から国道を150mほど下流へ進むと、左岸側に川岸へ降りる砂利道があり、5、6台の駐車が可能。橋から国道を上流に200mほど進んだ左

●中流部・舞出橋付近

橋から上流は荒瀬、早瀬、淵が交互に現われる好ポイントが続く。泳がせ、引き釣りが楽しめる場所で、大石周りに良型が潜むので油断できない。水深も腰以上あり、岩盤底が多いので足元に注意。両岸からのアプローチが可能で、釣り人の姿が絶えることがなく人的プレッシャーは高いが、それを補う魚影の多さが魅力となる。
アユが身を潜める岩盤のスリット（切れ目）や、大石周りを重点的に流すと好釣果に恵まれるだろう。舞出橋から国道を上流へ500mほど進んだ辺りの右側に大型の駐車スペースがあり、入川もしやすい。

●中流域・田ノ上橋付近

田ノ上橋から上流、岩沢橋までの区

```
information
●河川名　気仙川
●釣り場位置　岩手県陸前高田市～気仙郡住田町
●解禁期間　7月1日～11月30日。
9月下旬～10月上旬禁漁期間あり
●遊漁料　日釣券1300円・年券9000円
●管轄漁協　気仙川漁業協同組合
（Tel0192-46-3841）
●最寄の遊漁券取扱所　まさ乃商店
（Tel0192-46-3366）、村保洋品店
（Tel0192-46-2003）
●交通　東北自動車道・水沢ICを降り、水沢東バイパス、国道397、107号を経て住田町で国道340号に入り気仙川の各ポイントへ
```

側にも開けた河原があり、キャンプなども可能な広い駐車スペースがある。

間は岩盤、大石、荒瀬が多く落差のある地形のため、急流に潜む大アユが多い。強い流れの中で育った良型アユはパワフルで引きも強く、仕掛けもワンランク上のものを使用されたい。

流れの押しが強く、段差もあって取り込みに難儀する場面もある。以前、8月の盛期に、掛けても掛けても身切れやドンブリ放流で数が増えないという負のスパイラルに陥った苦い経験もある。力勝負の瀬釣りファンはぜひ勝負を挑んでもらいたい場所だ。

駐車は田ノ上橋のたもとに5、6台可能なスペースがある。国道沿いにも駐車できるが、道幅が極端に狭いため注意されたい。

以上、初めて訪れる釣り人でも分かりやすい流れを抜粋して紹介したが、魅力的なポイントはまだまだ数多くある。とても1日では探りきれないので二度、三度と足を運んで気仙川のアユ釣りを堪能されたい（菊池）

舞出橋付近の川相。大石周りに良型が潜む油断できない流れ

田ノ上橋付近の流れ。岩盤、大石、荒瀬の続く落差のある流れを見せる

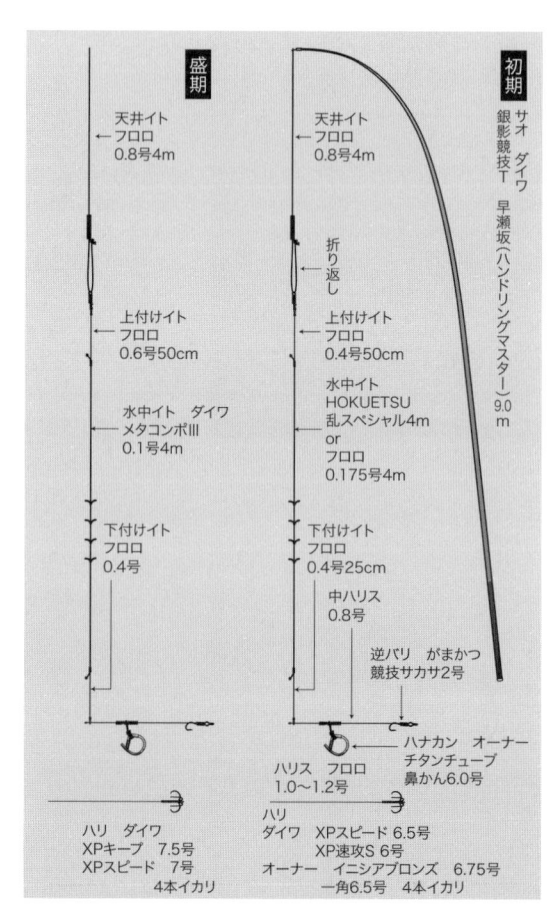

盛期

天井イト
←フロロ
0.8号4m

上付けイト
←フロロ
0.6号50cm

水中イト　ダイワ
→メタコンポⅢ
0.1号4m

下付けイト
フロロ
0.4号

ハリス　フロロ
1.0～1.2号

ハリ
ダイワ　XPキープ　7.5号
XPスピード　7号
4本イカリ

初期

サオ　ダイワ
銀影競技T　早瀬坂（ハンドリングマスター）9.0m

天井イト
←フロロ
0.8号4m

折り返し

上付けイト
←フロロ
0.4号50cm

水中イト
HOKUETSU
乱スペシャル4m
or
フロロ
0.175号4m

下付けイト
フロロ
0.4号25cm

中ハリス
0.8号

逆バリ　がまかつ
競技サカサ2号

ハナカン　オーナー
チタンチューブ
鼻かん6.0号

ハリ
ダイワ　XPスピード　6.5号
XP速攻S　6号
オーナー　イニシアブロンズ　6.75号
一角6.5号　4本イカリ

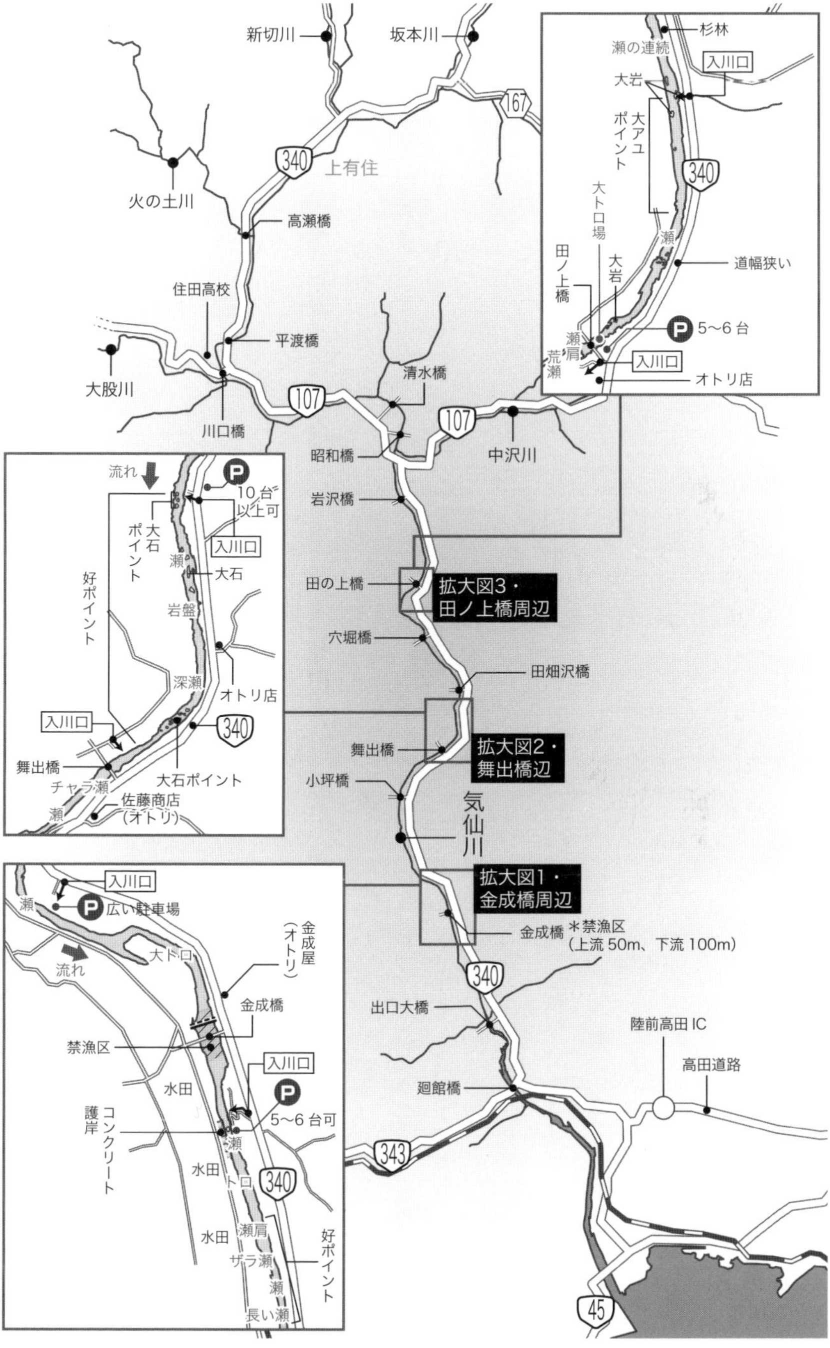
新切川
坂本川
167
340
上有住
火の土川
高瀬橋
住田高校
平渡橋
大股川
川口橋
107
清水橋
107
昭和橋
中沢川
岩沢橋
田の上橋
拡大図3・
田ノ上橋周辺
穴堀橋
田畑沢橋
舞出橋
拡大図2・
舞出橋辺
小坪橋
気仙川
拡大図1・
金成橋周辺
金成橋 ＊禁漁区
（上流 50m、下流 100m）
340
出口大橋
陸前高田 IC
高田道路
廻館橋
343
45
杉林
瀬の連続
入川口
大岩
大アユポイント
340
大トロ場
瀬
道幅狭い
田ノ上橋
大岩
5～6 台
瀬肩
荒瀬
入川口
オトリ店
流れ
10 台以上可
入川口
大石ポイント
瀬
大石
好ポイント
岩盤
深瀬
オトリ店
入川口
340
舞出橋
大石ポイント
チャラ瀬
瀬
佐藤商店
（オトリ）
入川口
瀬
広い駐車場
金成屋
（オトリ）
大トロ
流れ
金成橋
禁漁区
入川口
水田
5～6 台可
護岸
コンクリート
瀬
水田
トロ
340
水田
瀬肩
ザラ瀬
瀬
長い瀬
好ポイント

●山形県

鮭川
(さけ)

春はサクラマス、秋はサケ、夏はアユが楽しめる人気河川
下流域は釣りやすく初めて訪れる人におすすめ

米橋より上流を望む。右岸側に岩盤の入っている急瀬があり、追い気のあるアユがサオを絞り込む

　山形県の北部を流れる鮭川は、日本三大急流の1つ最上川の支流で、寒河江川と並ぶ最大支流の1つである。春にはサクラマスが、秋にはサケがソ上して釣り人を楽しませてくれる人気河川だ。アユに関しては近くに名の知れた小国川があるため目立たないものの、天然ソ上が多かった時代には知る人ぞ知る川であった。

　ここ数年はソ上が遅れ、毎年のように7月に降る大雨なども悪影響を与えていたが、平成26年度はソ上も多く復活の兆しをみせた。

　今回紹介するエリアは鮭川でも下流域にあたり、水量は充分にあるが大石やガンガン瀬のポイントは少なく、トロ場、トロ瀬、チャラ瀬、早瀬がメインの釣りやすい流れ。初めて鮭川を訪れる釣り人にはおすすめだ。

　注意したいのは上流部に発電用ダムがあるため、ほぼ毎日放水が行なわれ水量が変化がすること。放水された水

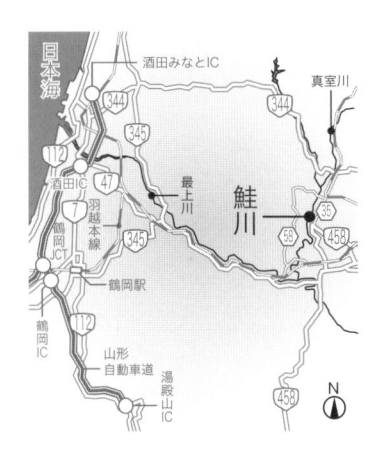

information
- 河川名　最上川水系鮭川
- 釣り場位置　山形県最上郡鮭川村
- 解禁期間　7月1日〜10月31日（10月4日〜約1週間は資源保護のためアユ全面禁漁）
- 遊漁料　日釣券1600円・年券8000円
- 管轄漁協　最上漁業協同組合（Tel0233-62-2078）
- 最寄の遊漁券取扱所　沓沢食料品店（Tel0233-55-2318）
- 交通　山形自動車道・酒田ICを降り、国道7、47号から県道34号に入り、鮭川へ

が下流部に到達するのは昼頃で、午前中追わなかったアユが突然追い始めることもある。

ダムの放水といっても、下流域に到達する頃には10〜20cm増水なので危険はなく、安心して釣りは楽しめる（上流部で雨が降った場合は注意が必要）。

解禁日は7月1日で、放流もされているが、下流域は天然ソ上がメインになるので7月中旬以降がねらいめとなる。8月1日には網漁が解禁されるが、川幅が大きいのであまり気にならない。

山形県では産卵時期の10月4〜10日の間、天然ソ上を増やすためアユの全面禁漁（釣り、ガラ掛け、網、ヤナ漁）を行なっている。こうした取り組みが天然ソ上の豊かな山形県の川を守っているのだ。

●米地区

米地区へは県道328号を米集落方面に曲がり、米橋を過ぎると鋭角に左

折する道路があり、米橋の橋下に行ける。右折すると川沿いに上流に行ける道があり、駐車スペースもあるので川を見ながら入川場所を決めるとよい。

米橋は最上川合流地点より約8km上流のポイントで、サクラマスの1級ポイントでもある。橋上から川が見渡せるので、アカの付き具合や魚影も確認できる。

橋上流の右岸側に岩盤の入っている急瀬があり、追い気のあるアユがいればサオをひったくること間違いない。急瀬を釣り切ったら左岸側のチャラ瀬をねらっても面白い。

すぐ上流はトロ瀬、トロ場と続き、トロ場の右岸側には岩盤があり、泳がせ釣りで数、型ともにねらえる。岩盤は溝が深いので金属イトのほうがトラブルは少ない。トロ場の上流には大きな淵があり、夕方になるとその上流の広大な早瀬へと淵から差してきたアユが入れ掛かりになることもある。

米橋上流にあるトロ上の川相。大きな淵が
アユの供給源となる

観音寺橋より下流を望む。トロ場の下流に
広がるチャラ瀬がねらいめ

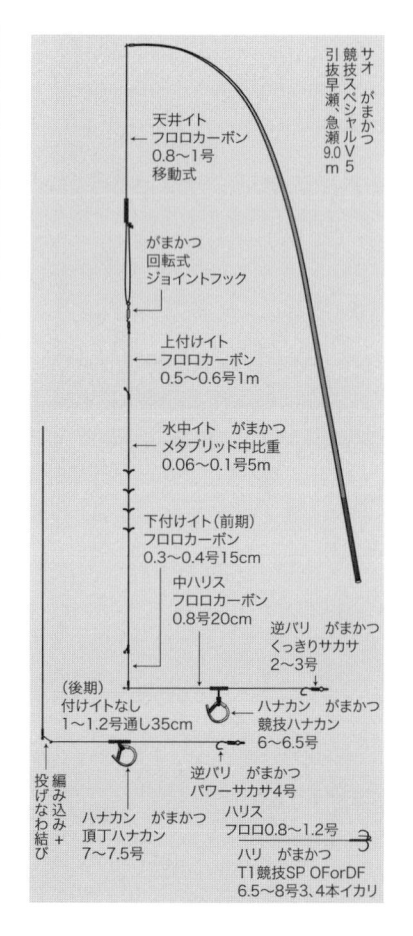

サオ　がまかつ
競技スペシャルV5
引抜早瀬 急瀬 9.0m

天井イト
フロロカーボン
0.8～1号
移動式

がまかつ
回転式
ジョイントフック

上付けイト
フロロカーボン
0.5～0.6号1m

水中イト　がまかつ
メタブリッド中比重
0.06～0.1号5m

下付けイト（前期）
フロロカーボン
0.3～0.4号15cm

中ハリス
フロロカーボン
0.8号20cm

逆バリ　がまかつ
くっきりサカサ
2～3号

（後期）
付けイトなし
1～1.2号通し35cm

ハナカン　がまかつ
競技ハナカン
6～6.5号

逆バリ　がまかつ
パワーサカサ4号

編み込み＋
投げなわ結び

ハナカン　がまかつ
頂丁ハナカン
7～7.5号

ハリス
フロロ0.8～1.2号

ハリ　がまかつ
T1競技SP OForDF
6.5～8号3、4本イカリ

●観音寺橋〜豊田橋

観音寺橋へは国道13号(新庄北道路)を終点まで行き、県道308号を左折して鮭川方面へ約7.5kmで県道35号線交差点を直進、200mで杏沢商店(オトリ店)に着く。そこから1.3kmで観音寺橋となり、橋を過ぎ右側に観音寺が見えた辺りを左折するとポイント近くまで降りて行ける。橋下流のトロ場にはコイやニゴイがたくさんいるので要注意。トロ場の下流にチャラ瀬があり、ここで元気のよいオトリを確保してから下流の早瀬、トロ瀬へと向かってほしい。トロ瀬は見た目より押しが強く、オ

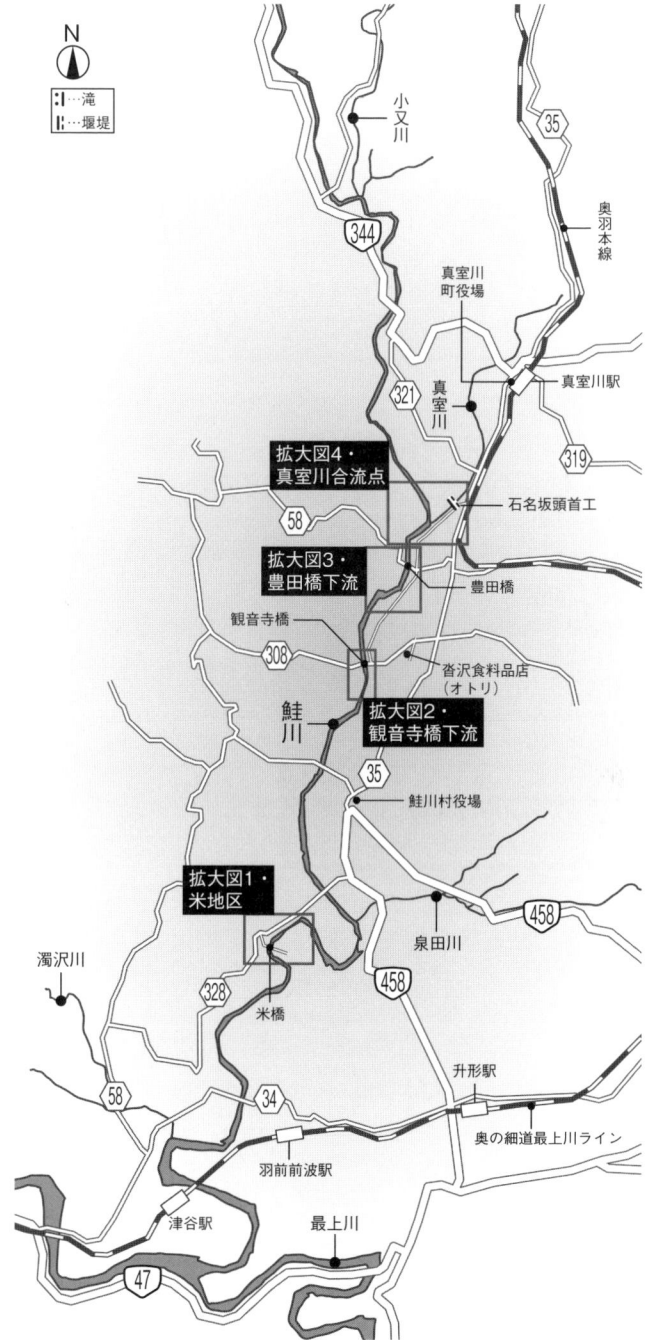

豊田橋下流の川相。トロ場は泳がせ釣りによいポイント

石名坂頭首工下流を望む。4WD車なら河原まで乗り入れ可能、目の前に広がる瀬が釣り場だ

モリを付けた引き釣りができる数少ないポイント。

豊田橋へは観音寺橋手前を右折すると川沿いに堤防があり、上流に行ける。途中で河川敷に降りられる道があるので入川しやすいエリアだ。

橋付近は下流がポイント。橋真下のトロ場は、コイが多く深いのでアユ釣りには向かない。その下にトロ場、チャラ瀬と続くが、泳がせ釣りにはトロ場がおすすめだ。さらに下流はチャラ瀬、早瀬の流れだが釣果にバラツキがあるのでハミ跡を確認してから入川したい。

●石名坂頭首工下流

豊田橋より堤防沿いを上流に向かうと頭首工が見えてくる。その手前を左折すると川沿いに降りられる道がある。真室川合流点を過ぎて下流へ行き止まりまで進むと、右折できる道があり、4WD車なら河原まで入れる。目の前

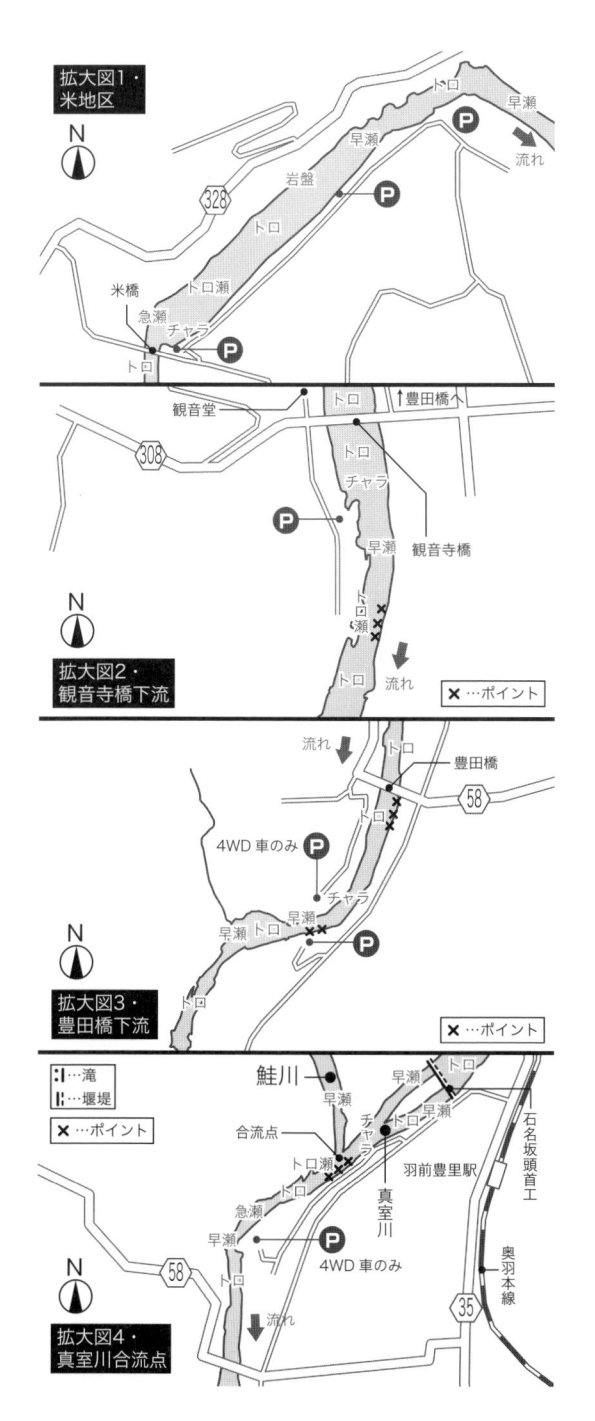

の広い瀬が釣り場となる。

この瀬は例年なら解禁当初から終盤まで楽しめるが、止め漁が解禁されると川幅いっぱいに石が積まれ、流れがせき止められる。終盤になると川止めされた上、下流にアユが溜まり数釣りが楽しめる。ポイントも広いので両岸からサオがだせるのも魅力だ。

真室川との合流点はトロ場になっていて、本流がぶつかるブロック際には大きな石が入っているので終盤に良型のアユが釣れる。

合流点から石名坂頭首工までの流れは、魚道を上りきれないアユが溜まるポイント。両岸からサオをだせるが、川幅が狭いため川の中を歩くとポイントをつぶしてしまう。中州を歩いて上流へ行き、下流へと釣り下ったほうが釣果は伸びる（加藤）。

● 山形県

真室川
（まむろ）

8月に23㎝クラス、9月は25〜28㎝も出る型ねらいの川
川沿いに舗装の堤防があり駐車スペースも充分

真鶴橋より上流を望む。川幅は広いが水深の浅いポイントなので泳がせ釣りがメイン

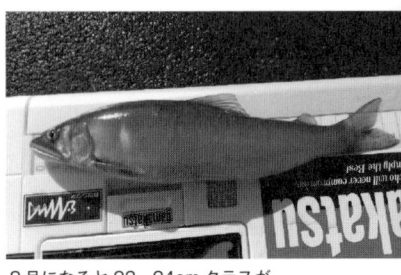

8月になると23、24cmクラスがサオを絞り込んでくれる

　真室川は最上川の支流・鮭川へと流れ込む河川で、同じ最上漁協管轄のため同一遊漁券で釣りをすることができる。真室川の支流となる金山川の新町頭首工から本流の石名坂頭首工までは友釣り専用区となり、7月1日の解禁日から9月9日まで網漁が禁止されている（止漁は8月1日に解禁になるので止め付近での網漁は許可されている）人気のエリアだ。

　鮭川、真室川、金山川の源は山系が異なり、鮭川が釣りができないほど増水していても真室川、金山川ではサオ

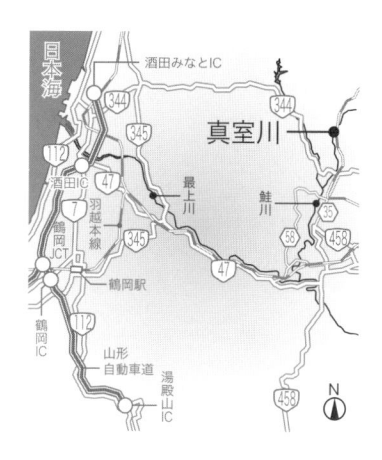

information

- ●河川名　最上川水系鮭川支流真室川
- ●釣り場位置　山形県最上郡真室川町
- ●解禁期間　7月1日～10月31日（10月4日～約1週間は資源保護のためアユ全面禁漁）
- ●遊漁料　日釣券1600円・年券8000円
- ●管轄漁協　最上漁業協同組合（Tel0233-62-2078）
- ●最寄の遊漁券取扱所　近岡商店（Tel0233-62-2348）
- ●交通　日本海東北自動車道・酒田ICを降り、国道7、47、458号を経由して県道35号に入り真室川へ

をだせることもあるので、必ず水況を確認されたい。特に金山川は上流部に大きなダムがあり、雨による増水に強く、流れも緩やかなためアカも飛びにくく、梅雨時期の逃げ場として知っておくと便利だ。

真室川への天然ソ上は、その年によってバラつきがあり、ソ上時期の水量や石名坂頭首工を開門するかしないかによって変化する。初期は放流アユがメインになるが、8月になれば天然ソ上も追い始める。

そしてアユが大型化するのも特徴の1つ。7月の2週目くらいには20～22cm、8月には23cmオーバー、9月になれば25～28cmまでが釣れ、数よりも良型ねらいの河川といえる。

特に釣れるのが増水気味の時だ。平水時は水温が高めに推移するため、増水して水温が下がり始めるとアユの追い気が出始め、平水時より釣果が伸びることもある。

川沿いに舗装の堤防があり、駐車スペースも充分にあるので、初めて釣行される方でも安心してサオがだせる。

注意したいのが、山形県内すべての河川（荒川水系以外）に放流しているアユは山形県産で、冷水病のない川を目差している。そのため水系の違う河川間のオトリの持ち込みを禁止している漁協もあるので協力されたい。

●真鶴橋周辺・町立真室川病院裏

県道35号を真室川町方面へ進み、町内に入ってすぐの橋が真鶴橋。交差点を左折し橋を渡り切ってすぐ右折すると舗装された堤防上に出る。ここを上流部へ向かいすぐ右折すると河原に降りる道があり、真鶴橋下に行ける。

町立真室川病院裏へは、県道35号を真鶴橋を渡らず直進し、町立真室川病院の標識がある交差点を左折で道なりに進むとヤナ場付近のポイントに出る。

真鶴橋上下流は、川幅は広いが水深浅いので泳がせ釣りがメイン。橋上でアユの魚影を確認してから入川するとよい。少し上流にブロックの入ったトロ場があるが、泥が蓄積しているのであまりおすすめできない。

その上流が町立真室川病院裏のポイント。堤防からヤナ場が見え、付近に駐車できるので入川しやすい。ヤナ場下流には早瀬が広がってトロ場、チャラ瀬、早瀬と続く。広大な流れは大人

サオ　がまかつ
競技スペシャルV5
引抜早瀬急瀬 9.0m

天井イト
フロロカーボン
0.8〜1号
移動式

がまかつ
回転式
ジョイントフック

上付けイト
フロロカーボン
0.5〜0.6号 1m

水中イト　がまかつ
メタブリッド中比重
0.06〜0.1号 5m

下付けイト（前期）
フロロカーボン
0.3〜0.4号 15cm

中ハリス
フロロカーボン
0.8号 20cm

逆バリ　がまかつ
くっきりサカサ
2〜3号

（後期）
付けイトなし
1〜1.2号通し 35cm

ハナカン　がまかつ
競技ハナカン
6〜6.5号

編み込み＋
投げなわ結び

逆バリ　がまかつ
パワーサカサ4号

ハナカン　がまかつ
頂Tハナカン
7〜7.5号

ハリス
フロロ0.8〜1.2号

ハリ　がまかつ
T1競技SP OForDF
6.5〜8号 3, 4本イカリ

114

ヤナ場下流は早瀬からトロ場、チャラ瀬、早瀬と続く。広大な流れは大人数でサオがだせる

数が収容できるので遠征組にもおすすめだ。

ヤナ場上流はチャラ瀬の流れだが、漁が始まり川をせき止めるとトロ場になってしまう。その上流に広大なトロ場が続き右岸側にブロックの入っているポイントがあり、サオ抜けになりやすいのでねらいめだ。

●新橋周辺

新橋下流へは、病院裏の堤防を上流に進み、左岸河川敷にある大きな駐車場を利用して川へ向かうとポイントAに行ける。橋上流へは、堤防を上流に向かい344号の交差点を左折して新橋を渡る。真室川公園入口の交差点を左折するとすぐ鋭角に左へ曲がり、国道下を潜る道の先に大きな駐車場がありポイントBへと行ける。

ポイントAは、例年なら良型が釣れる一本瀬があるねらいめの流れだったが、平成26年秋に河川工事が入り、ど

新橋より下流のポイントAを望む。トロ場は群れアユをねらって泳がせ釣りが面白い

んな状況になるのかは未知数だ。

ポイントAの上流にトロ場があり、毎年のように群れアユが溜まる。8月になれば泳がせ釣りでねらうと面白い。上流にある急瀬もおすすめで、トロ場からアユが供給されるので魚影の多い人気ポイントとなっている。

新橋下流のチャラ瀬は石が小さいので小型のアユしか釣れないが、チャラ瀬の泳がせ釣りが得意な釣り人なら数釣りが楽しめる。

新橋上流には金山川との合流点があり、トロ場にアユが溜まりやすい。合流してから2つの流れに分かれるが、左岸側の流れが本命で急瀬からブロックが入っているトロ場へと流れる。その急瀬の瀬肩には人の頭大の石がびっしり入っている。なるべく離れて右岸のトロ場から静かに泳がせると数が伸びる。特に夕マヅメがねらいめだ。

急瀬も釣れるが石が小さいので数は望めない。急瀬がぶつかるブロックの

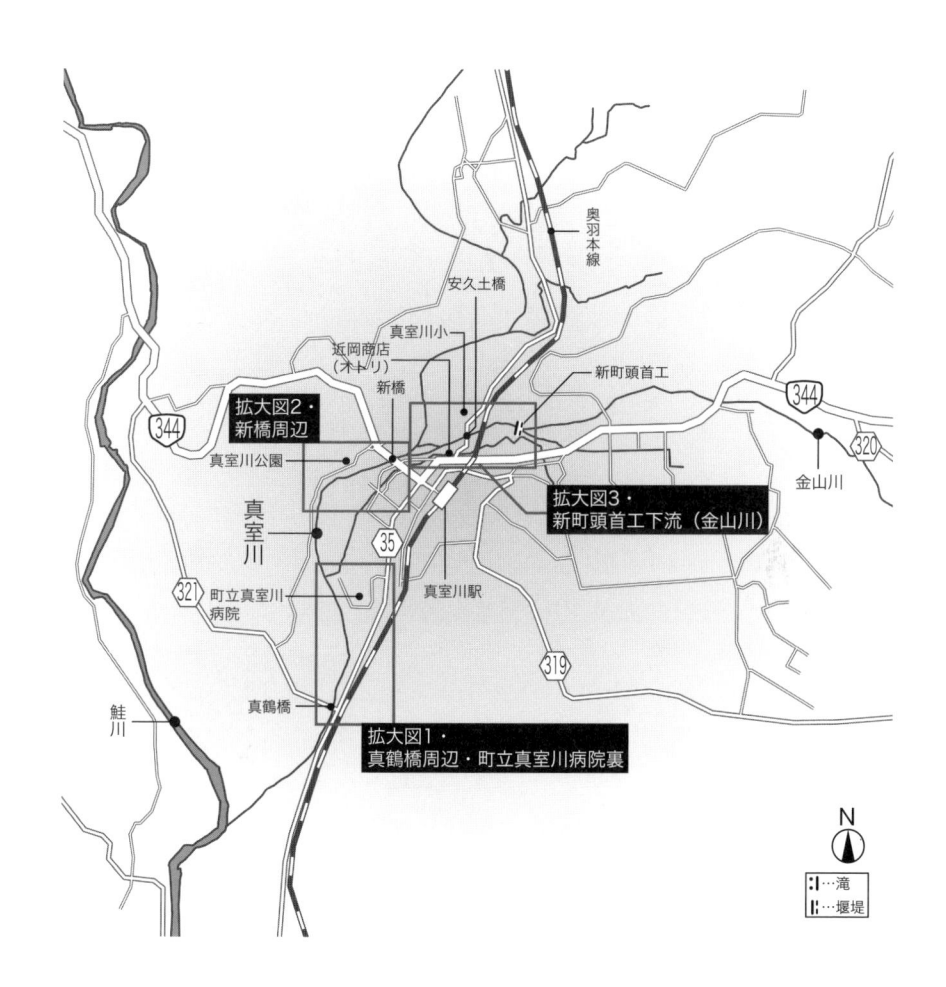

●新町頭首工下流（金山川）

金山川の安久土橋上下流へは、県道35号（真室川町内）沿いのセブンイレブン真室川新橋店交差点を直進し、次の信号（近岡商店）を左折すると安久土橋。約100m先の真室川小学校前信号を右折すると駐車場（普段は駐車可能だが学校行事がある時などは困難）があり、橋上下流へ入川できる。

新町頭首工付近へは国道344号を金山町方面へ進み、ヤマト運輸集荷場手前を左折（車1台分しか通れない）すると新町頭首工が見えてくる。堤防の少し幅広くなっているスペースに駐車可能だ。

合流点のすぐ上流に早瀬があり、本流に濁りがある時などは、濁りを嫌ったアユが金山川へとソ上して最初に付くポイント。金山川は多少濁っていて

トロ場は、手前は砂利なのでブロックの際をねらうと良型が期待できる。

も釣果が得られる。

その早瀬の上流にはチャラ瀬、トロ場、早瀬と続き終盤になると思わぬ大型も期待できる。すぐ上流に安久土橋が架かるが、平成27年に橋の架け替え工事をするので、多少川相が変化するかもしれない。

橋上流はトロ場、早瀬と続きJR鉄橋へと流れが続く。鉄橋付近と上流の早瀬は水深もあり、数、型ともに楽しめるので釣り人が絶えない場所だ。その上流に岩盤の入ったトロ場があり、両岸にハミ跡があった場合はまずは片岸をねらい、時間をおいて反対側の岸を釣るのも面白い。

新町頭首工下流は右岸側に本流が流れ、岩盤の急瀬へと流れ込む。解禁当初から良型のアユが付くポイントだ。ここは右岸側が釣りやすく、川に入らず足元からていねいに探ると釣果が伸びる。急瀬が終わると長い早瀬が続き、泳がせ釣り、引き釣りとも楽しめる。

JR鉄橋下流を望む。上流から続く早瀬は水深もあり数、型ともに楽しめる

安久土橋より下流を望む。支流となる金山川の流れで多少濁っていても釣果が得られる

新町頭首工下流の流れ。右岸側に本流が流れ岩盤の急瀬へと流れ込む

118

広範囲を探るとよい。金山川は水量も少なく、入川も楽で非常に釣りやすいエリアなので初心者にもおすすめだ（加藤）。

拡大図1・
真鶴橋周辺・町立真室川病院裏

拡大図2・
新橋周辺

拡大図3・
新町頭首工下流（金山川）

● 山形県

最上小国川
（もがみおぐに）

ダムがない天然河川。澄んだ流れと水引きの早さが特徴
天然ソ上も多くよい年には3ケタ釣りも可能

最上小国川は、山形県と宮城県の県境にある奥羽山脈を水源に山形県側へ流れ、最上町、舟形町を横断し、日本3大急流の1つに数えられる最上川に合流する延長39kmの中規模河川。近隣のほかの小国川と区別するため「最上小国川」と名称しているが、地元では小国川と呼ばれている。

舟形～長者原地区ポイントＡ全景。川幅も広く泳がせ派にも引き釣り派にもおすすめの場所

釣り場としては、最上町赤倉地区から、舟形町堀内地区で最上川に合流するまでのおよそ30km。そのなかでメインとなるのは、最上町向町地区から舟形町長者原地区辺りまでだ。

特徴としては、山形県を流れる川では唯一ダムがない天然河川であり、増水したとしても濁りが取れるまでの時間が驚異的に短い。加えて水量が落ちるのも早いため、よほどの大増水にならない限りサオがだせる。

2014年は、近隣河川が軒並み増水や濁りで釣りになる日が少なかったせいか、終盤まで大勢の釣り人で賑わっていた。ただ、水引きが早い代わりに雨が少ないとすぐに渇水してしまう。ここ数年はこの傾向が強く、水温も30℃を超えることがしばしばあった。

解禁期間は7月1日から10月31日までとなっているが、実際は9月いっぱいでサオを仕舞う人が多い。放流量は約3500kg。種苗は地元山形県産の

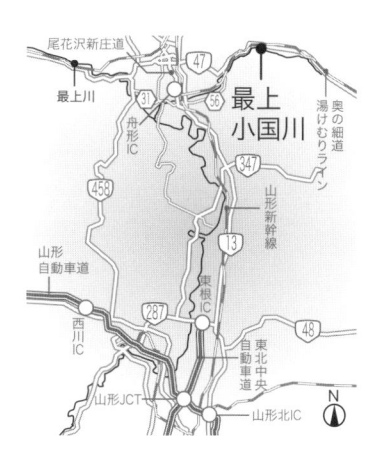

information

- ●河川名　最上川支流小国川
- ●釣り場位置　山形県最上郡舟形町
- ●解禁期間　7月1日～10月31日（10月4日～10日まで資源保護のためアユ全面禁漁）
- ●遊漁料　日釣券1800円・年券9000円
- ●管轄漁協　小国川漁業協同組合（Tel0233-32-2892）
- ●最寄の遊漁券取扱所　斉藤　豊（Tel0233-32-3089）、久右ヱ門（Tel0233-32-3194）、沼沢康夫（Tel0233-32-2445）、小国川観光（Tel0233-32-3280）、下山久伍（Tel0233-32-3309）、鮎場あたご（Tel0233-33-2417）、八鍬美枝子（Tel0233-42-2113）
- ●交通　山形自動車道・山形北ICを降り、国道13号、県道56号を経由して最上小国川へ

●舟形～長者原地区

下流部に位置し、石も手頃な大きさで揃っており、危険な場所も少ない釣りやすいエリアだ。アクセスは国道13号から県道31号に入り、尾花沢新庄道路を渡る跨道橋のたもとを右折。途中から砂利道になるが道なりに進むと釣り場となる。なお、付近は畑が多く農道を利用しての入川となるため、駐車マナーや通行には特に注意したい。

上流側の入川口前にある大トロの吐き出しから下流がポイントA。川幅も広く、荒瀬以外のほとんどのポイントが揃っているので泳がせ派にも引き釣り派にもおすすめの場所だ。

解禁初期は調子のバラツキがあるものの、天然ソ上が追い出す時期にはトロ場での泳がせや、瀬でスピード感ある引き釣りが面白い。上流に石の揃っ

F1を放流している。天然ソ上も多く、よい年には3ケタ釣りも可能だ。

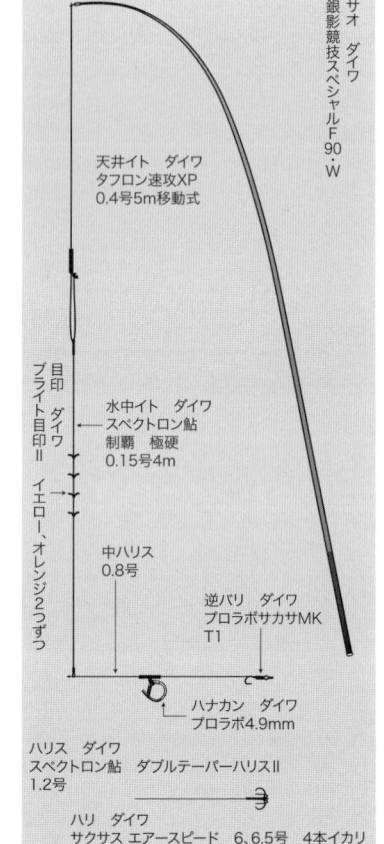

舟形〜長者原地区ポイントC全景。膝下ほどの広いザラ瀬。広範囲を探り魚が集中している場所を見つけたい

見つけてから、そのポイントを釣り返すと時間のロスもなく効率的に釣果が伸ばせる。

ポイントCは入川ルートが異なり、県道31号が小国川を渡る長者原橋のたもとから入川する。橋の真下が駐車場になっていて、ここから上流へ100mほど歩いた所がポイント。

今までの場所よりも全体的に石が大きく、川幅が絞られている早瀬となる。見た目以上に流れの押しが強いので、平水以上の水量がある時はオモリがあずは広く探り魚が集中している場所を

ほかの釣り人がいない時に限るが、まの石が入った筋が分かるはず。周囲にえるが、所々に溝や周囲よりも大きめポイントBは水深が膝下くらいの広いザラ瀬。一見、全体がフラットに見入れ掛かりも期待できる。タマヅメの出食みのックされており、タマヅメの出食みのた大トロがあるため相当数の魚がスト

●経壇原〜一ノ関地区

小国川は東北でも唯一、メーカーが主催する大会が複数回開催されるトーナメント河川としても有名。長沢〜舟形地区がメイン会場として使われ、その中でも紹介する経壇原〜一ノ関地区が決勝戦エリアになることが多い。流れ全体で最も入川者数が多いのもここだ。川相も上流から下流まで非常に変化に富んでいる。

サオ ダイワ
銀影競技スペシャルF90・W

天井イト ダイワ
タフロン速攻XP
0.4号5m移動式

目印 ダイワ
ブライト目印＝イエロー、オレンジ2つずつ

水中イト ダイワ
スペクトロン鮎
制覇 極硬
0.15号4m

中ハリス
0.8号

逆バリ ダイワ
プロラボサカサMK
T1

ハナカン ダイワ
プロラボ4.9mm

ハリス ダイワ
スペクトロン鮎 ダブルテーパーハリスⅡ
1.2号

ハリ ダイワ
サクサス エアースピード 6、6.5号 4本イカリ

経壇原～一ノ関地区。上流よりポイントAを望む。大石の絡む瀬肩から始まり瀬、トロ場とポイントが続く

経壇原～一ノ関地区。下流よりポイントBを望む。大きな石が随所にあり、流れ全体がポイントとなる

アクセスは国道13号から県道56号に入り、若あゆ温泉の看板を目印に左折してすぐの側道をまた左折すると川と駐車場が見えてくる。川沿いに道路があるため入川には困らない。

ポイントAは大石の絡む瀬肩から始まり、瀬～トロ場までまんべんなくポイント。水中の石も平均的に大きく、魚のストック量もかなり期待できる。ただし、どの流れも腰上の水深で見た目以上に押しが強い。大石を中心とした川底のため、根掛かりを外しに入る際は細心の注意が必要。

ポイントAから150mほど下った所がポイントB。入川は左岸からになる。人より大きな石が随所にあり、瀬肩から荒瀬、テトラにぶつかる瀬落ちまですべてがポイント。ここは右岸側にある木がオーバハングしている個所が多く、一目見てサオ抜けと思えるため、一気に川の中央付近まで行ってサオをだす釣り人も多い。実際、木々の

経壇原〜一ノ関地区。下流からポイントCを望む。絶えず大勢の釣り人で賑わう人気釣り場だ

長尾地区。下流よりポイントAを望む。川幅もほどよく平瀬中心の流れとなる

覆い被さった棚や壺がサオ抜けになりやすい。

流れが速いエリアのため引き釣り主体になりがちだが、底石も大きいので泳がせによる上飛ばしも面白い。

下流でテトラにぶつかった流れは大トロになる。この大トロの終わりにヤナ場があり、ここから下流がポイントCとなる。各大会の本部設置場所となるうえ、駐車場も完備されており、絶えず大勢の釣り人で賑わう小国川で一番人気のエリアだ。

激戦区ではあるが、放流量の多さと豊富なポイントのおかげで魚が釣り切られることはまずない。むしろ人が多いからこそできるサオ抜けを捜せれば、かなりの大釣りも期待できる。

橋直下から下流200mくらいまでは変化のある瀬が続き、右岸際は柳やアシが並ぶ。ここは川幅も広く魚はまんべんなく付いているのだが、釣り人の心理としてどうしても右岸際に目が

いくようだ。解禁初期から7月いっぱいまでは、魚も人を嫌ってこの右岸際に集まるので釣果も上がるのだが、天然が追い出す8月からは、広い視野でサオをだすようにしたい。なお、途中に川を横断する低い電線があるので注意が必要。

● **長尾地区**

最後に紹介するのは、舟形町と最上町との境から少し下った所にある長尾地区。アクセスは県道56号からJR陸羽東線（奥の細道湯けむりライン）東長沢駅を目差すと分かりやすい。下流の長沢地区にある堰堤により、

長尾地区。下流よりポイントBを望む。流れが開けると押しの強いトロ瀬とテトラに落ちる瀬肩になる

長尾地区ポイントCはテトラ前の深瀬から始まり瀬肩、早瀬、ザラ瀬と続く流れ

ソ上数そのものは少なくなるが、その代わり型がよくなる。特にお盆過ぎに釣行される際は、普段よりワンランク強いタックルを準備したい。

ポイントAは長尾橋から上流300mほど上流にある淵から橋までの区間。川幅もほどよく平瀬中心の流れとなる。区間中央付近に電線があるため注意されたい。

ポイントBは、橋直下にある岩盤の絞り込みから100mほど下流右岸側にあるテトラに落ちるまでの区間。岩盤の絞り込みは流心にあまり石が入っていないので瀬脇を主に探るが、ここもかなりの流速があるので背バリやオモリの補助具は必須。

絞り込みが終わり流れが開けると、押しの強いトロ瀬とテトラに落ちる瀬肩になる。いずれもパッと見はあまり変化がないようだが、実際はかなりの起伏と流速の変化がある。なお、瀬肩で釣る際はすぐ下流にあるテトラへ

絞り込みに充分注意されたい。

ポイントCはテトラ前の深瀬から始まり瀬肩、早瀬、ザラ瀬と続く流れ。駐車スペースの目の前がポイントになるため、入川する釣り人も多い。

テトラ前は水深もあり石も大きいため良型が揃いやすい。水深があるので根掛かりを外す際は慎重に判断すること。続く瀬肩は入川口となる左岸側のほうが石の配置がよく、右岸に進むほど砂地となる。なるべく手前から釣るのが釣果を伸ばす秘訣だ。

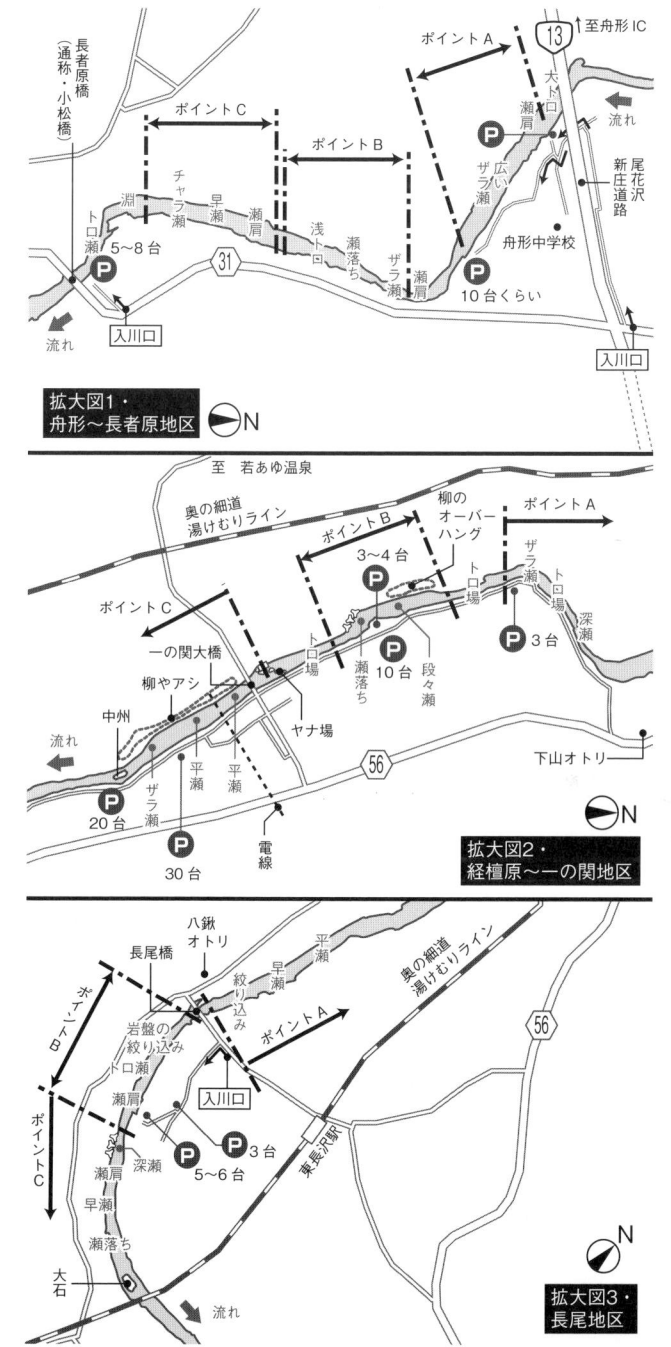

その下流の早瀬は浮き石が多く歩くのが大変だが、左岸際から右岸の柳の際まで広く探るのがベスト。（五十嵐）

● 山形県

温海川
あつみ

日本海へ注ぐ小河川だが追星くっきりの天然アユが魅力
庄内小国川、鼠ヶ関川と共通の遊漁券でサオがだせる

荻田橋より下流を望む。瀬ありトロ場ありと
変化に富んだ流れで良型が揃う

　鶴岡市街地から国道7号を新潟方面に南下すると温海温泉がある。東北の名湯として知られ、四季を通して多くの観光客がこの地を訪れる。その中心を流下する温海川は日本海へ注ぐ小規模河川だが、アユ釣り場として知られている。

　流れを管轄する温海町内水面漁協は、付近を流れる庄内小国川、鼠ヶ関川も漁区となるため共通の遊漁券でサオがだせる。川の状況を見て他の河川へ行くことも可能だ。

　解禁日は7月1日。春先早い時期にソ上した天然アユが良型に成長しており、解禁当初から釣り人を楽しませてくれる。下流部は、国道7号より上流50mに架かる温海橋からがアユ釣り可能となる。その下流にある鉄橋から河口までは禁漁区になるため注意されたい。川幅は広い所でもせいぜい7～8mしかないので、サオも短めが使いやすい。

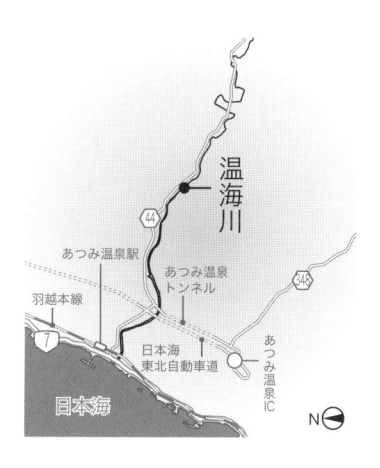

information

- 河川名　温海川
- 釣り場位置　山形県鶴岡市
- 解禁期間　7月1日〜10月3日
- 遊漁料　日釣券1830円・年券9070円
- 管轄漁協　温海町内水面漁業協同組合（Tel0235-44-3236）
- 最寄の遊漁券取扱所　割烹　山月（Tel0235-43-2245）
- 交通　日本海東北自動車道・あつみ温泉ICを降り、あつみ温泉トンネルを経由し県道44号を右折で温海川へ

東北地方の梅雨明けは例年7月下旬で、それからが本番。庄内エリアの小河川が増水したり、濁りで釣りができない時でも、温海川は上流にダムがあるため釣りが可能な場合も多々ある。釣れるアユのサイズは12〜17cmがアベレージとなるが、梅雨明けの8月に入れば20cmオーバーも期待できる。全体に小河川特有のヤブからのサオだしとなり、釣りづらさは避けられないが、天然ソ上の数釣りが楽しめるのが魅力だ。

● 下流域・荻田橋周辺

温海川の下流域でも比較的入川しやすいポイント。橋のたもとから入川可能で、車も橋を渡った道路の脇に数台停められる。

橋の上流は緩やかなトロ場が続く。早朝より水温が上がってくる時間帯にナイロン、フロロで泳がせると面白い。橋の下流は瀬ありトロ場ありと変化に

富んだ流れで良型が揃う。大きな石のある周辺や、黒く光っている流れの筋をねらいたい。

入川しやすいため人的プレッシャーも大きく、反応がない場合は釣り下りながらポイントを探り数を伸ばしたい。下流域ではあるが7〜8mのサオが釣りやすい。場所によってはヤブの間からの釣りや、引き舟を置いて岸辺からねらうとよい。

●中流域・柳原橋、湯ノ里橋周辺

湯ノ里橋下流は左岸側にブロックが入っていて釣りづらく、サオ抜けになりやすい。ブロックの間に立ち、流れの中央を探るとよい。

両側がヤブになっており、7mのサオが使いやすい。サオ抜けになっていることが多く比較的良型が揃う。1個所で釣れ続くことはあまりないので、アタリが止まったら少しずつ釣り下りながら探っていく。

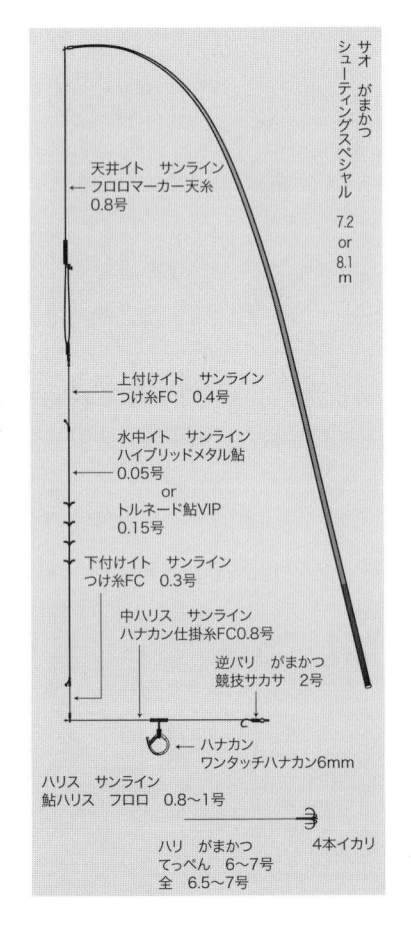

解禁当初から水深のある瀬をピンポイントでねらうと天然ソ上の数釣りも楽しめる

サオ　がまかつ
シューティングスペシャル
7.2 or 8.1m

天井イト　サンライン
フロロマーカー天糸
0.8号

上付けイト　サンライン
つけ糸FC　0.4号

水中イト　サンライン
ハイブリッドメタル鮎
0.05号
or
トルネード鮎VIP
0.15号

下付けイト　サンライン
つけ糸FC　0.3号

中ハリス　サンライン
ハナカン仕掛糸FC0.8号

逆バリ　がまかつ
競技サカサ　2号

ハナカン
ワンタッチハナカン6mm

ハリス　サンライン
鮎ハリス　フロロ　0.8〜1号

4本イカリ

ハリ　がまかつ
てっぺん　6〜7号
全　6.5〜7号

130

湯ノ里橋上流は一気に川幅が広がり、最も釣りやすいエリアだ。温海温泉の有名なたちばな屋、寓国屋の目の前を流れる静かな風情のある景色は、釣りをしていても気持ちがよい。

温海川

拡大図4・
下倉橋周辺

下倉橋

古和清水

拡大図3・
湯ノ里橋周辺

温海温泉
たちばなや
湯ノ里橋
温海変電所
柳原橋
拡大図2・
柳原橋周辺
あつみトンネル
44

あつみ温泉
トンネル

荻田橋
348
拡大図1・
荻田橋周辺

あつみ
温泉駅

日本海
東北自動車道
あつみ温泉IC

7
羽越本線

131

湯ノ里橋より上流を望む。温海温泉を流れる静かな風情のある景色も楽しめる

下倉橋より上流を望む。中流部よりさらに川幅が狭まる渓流相

柳原橋より上流を望む。両側がヤブになっており、7mザオが使いやすい

また、橋を渡った両脇に温海温泉の名所でもある足湯がある。足湯に浸りながら川を眺める観光客から、アユが掛かれば拍手が沸き上がることもしばしば。9mザオでナイロン、フロロの泳がせ釣りで静かにねらいたい。湯ノ里橋から数百m下流に架かる柳原橋周辺もポイントで、こちらは比較的釣り人の姿をよく目にする。

●上流域・下倉橋周辺

下倉橋周辺は中流部よりさらに川幅が狭くなり渓流相となる。両岸はヤブや樹木に覆われ釣りづらいため、7mより短い渓流ザオを使う釣り人も見受けられる。駐車は橋のたもとに何台か停められるが、通行の妨げにならないように注意されたい。

上流域は8月頃になるとアブが出るので、アブ除けネットや手甲カバーなどを持参されたい。

釣り方としては、やはり1個所であ

拡大図1・荻田橋周辺
- 日本海東北自動車道
- 44
- 温海小学校
- 温海浄化センター
- 荻田橋
- 流れ

拡大図2・柳原橋周辺
- 44
- 柳原橋
- ブロック
- 瀬
- トロ
- 流れ

拡大図3・湯ノ里橋周辺
- 44
- 湯ノ里橋
- ヤブ
- トロ
- 瀬
- 浅瀬
- 流れ
- 温海変電所
- たちばなや

拡大図4・下倉橋周辺
- 44
- 下倉橋
- 流れ
- 山道に入る
- *川幅が狭いアブに注意

×…ポイント

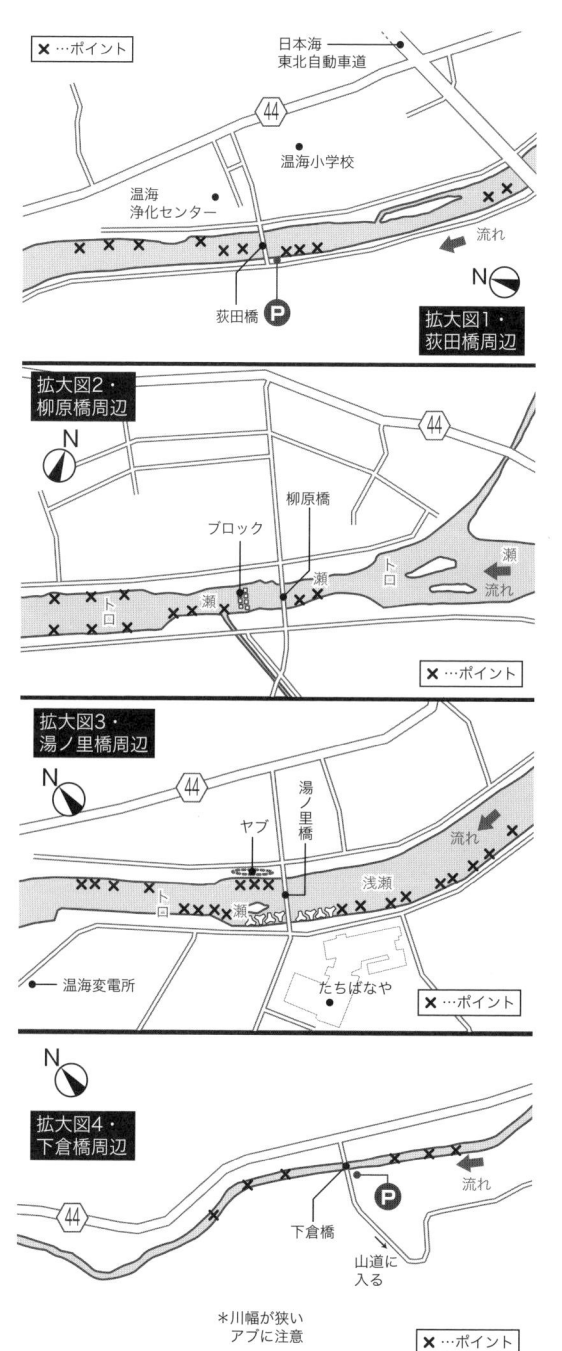

天然ソ上が半日でこの釣果、思わず笑みがこぼれる

まり粘らずピンポイントを釣り下りながら探るとよい。川幅が狭いせいかアユの警戒心も強く、引き舟は置いて釣りをしたほうが広範に探れる。できれば袋ダモがあれば便利だ（斉藤）。

●福島県

会津大川（阿賀川）

解禁当初は束に届く釣果も。復活しつつある東北の名川
大川ダムを境に管轄漁協が異なり、川相も大きく変わる

阿賀川は栃木・福島県境の荒海山にその源を発し、会津地方では会津大川（大川）と呼ばれ、只見川と合流して新潟県に入ると阿賀野川と名を変えて日本海へ注ぐ大河だ。

ここでは会津を流下する流れを会津大川として紹介したい。中流域に大川ダム（若郷湖）があり、それを境に上流域を南会東部非出資漁協、下流を会津非出資漁協が管轄している。どちらのエリアも100％放流に頼っており、湖産アユ全盛期の頃は、束釣りの川として各メーカーの大会が開催される東北有数の友釣り河川であった。

しかし、全国的に冷水病が流行するとともに釣果が望めなくなり釣り人が激減。比例して年々放流量も減少し、全盛期と比べると10分の1以下の放流量にまで落ちてしまったが、近年は漁協の放流事業が実り、まずまずの釣果が上下流エリアともに解禁日にはまずまずの釣果に恵まれるようになった。

河川の特徴としては、ダム上流エリアは頭大の石が多く瀬、チャラ瀬、トロが随所にあり、川幅も15～30mで釣りやすい。また、河川敷に駐車スペースが整備されており、初めて訪れる人でも安心して釣りを楽しむことができる。渓流魚にも力を入れているため、アユの釣り場としてはそれほど距離がないが、そのぶん密度が非常に高いため数釣りが期待できる。

ダム下流エリアは、ダム直下では大石が多く、荒瀬、淵が連続する急流地帯が広がる。ポイントまで泳いで渡る……という場所も所々にあり、瀬釣りが好きな方におすすめだ。

急流地帯を過ぎてさらに下流へ向か

ダム上流・長野橋より下流を望む。川幅は15〜30mで釣りやすく、初期に数釣りが楽しめる

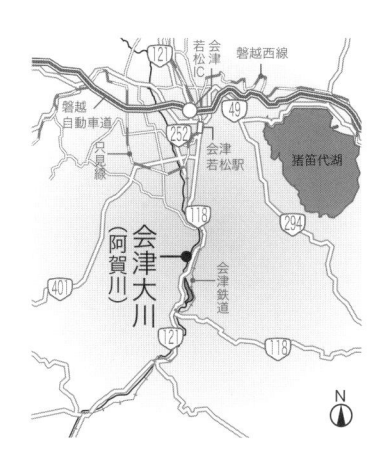

information

- 河川名　会津大川（阿賀川）
- 釣り場位置　福島県会津若松市〜南会津郡下郷町〜南会津町
- 解禁期間　7月1日〜12月31日（会津非出資漁協＝ダム下流）、6月20日〜9月30日（南会東部非出資漁協＝ダム上流）
- 遊漁料　日釣券2200円・年券9000円（会津非出資漁協）、日釣券2100円・年券1万2600円（南会東部非出資漁協）
- 管轄漁協　会津非出資漁業協同組合（Tel0242-56-4388)、南会東部非出資漁業協同組合（Tel0241-67-4555）
- 最寄の遊漁券取扱所　会津非出資漁協（Tel0242-56-4388・ダム下流）、かわせみ（Tel0241-62-2810）
- 交通　磐越自動車道・会津若松ICを降り、国道49号、252号を経て国道118号に入り会津大川の各ポイントへ

うと、拳から頭大の玉石が敷き詰められた早瀬、チャラ瀬、トロが連続する。ここまで下ると川幅は広い所では50mにもなり、流れも2本、3本と分流する個所も出てくる。このエリアは数々の大会が開催されており、トーナメンターには特におすすめしたい。

以上のようにダムを境に上流と下流では全く川相が異なるため、多彩な釣り方で楽しめる。そんな上下流エリアをシーズン別に解説したい。

●初期に数が出るダム上流

まずは上流エリアから紹介したい。解禁初期の6月はまだ水温が低いことが多く、朝はどうしても渋い。水温の上がる昼頃からは追いがよくなり、一日を通しての釣果になると50尾前後、条件が整えば束釣りも可能だ。

関東方面からのアクセスがよいこともあり、解禁日には場所取りが必要なくらいの賑わいを見せる。私自身も数

年前の解禁日に昼過ぎまでサオをだして80尾以上の釣果をあげている。夕方まで釣っていたら束釣りも充分可能であった。当日は好天に恵まれたが、それでも朝イチは追いが悪く、8時を過ぎた頃から3つ星の鮮やかな18㎝前後が掛かり始めた。魚影が多いため、ねらったポイントまでオトリを泳がせる前に掛かるという状況で、同行の仲間と終始笑いが止まらなかった記憶が残っている。

その好釣果を上げた場所が長野橋上下で、橋近くにはオトリ店もあり、初めて訪れる方でも安心してアクセスできるポイントだ。放流範囲が狭く釣り人も大勢入るが、魚が釣りきられることはなく、7月でも充分に楽しめる。その頃になると東北各地で解禁を迎えるため、入川者も減って広範囲に探れるのがよい。

●中期以降はダム下流で型ねらい

ダム下流エリアだが、こちらはダム上流エリアの約1週間後に解禁を迎えることが多い。冷水病とカワウの被害に悩まされていたが、漁協の努力で近年は少しずつ賑わい取り戻し始め、友釣り人気河川として復活しつつある。

広範囲に放流を行なっているため、上流エリアよりも一回りサイズがよく、数よりも良型ねらいの釣り場となる。流れの速い場所で育まれたアユは、体

初期
サオ がまかつ
がま鮎 競技スペシャルV5
引抜早瀬9m

天井イト 東レ
将鱗アユ
天糸スペシャル
0.6号3m

空中イト 東レ
将鱗あゆ
PRO Type 競技ハイパー
0.4号1m

水中イト 東レ
将鱗あゆ
複合METAL MIX
0.05〜0.1号5m

下付けイト 東レ
将鱗あゆツケ糸スペシャル
0.25〜0.3号25〜30cm

中ハリス がまかつ
鮎中ハリス0.6〜0.8号

逆バリ がまかつ
競技サカサ1〜2号

ハナカン がまかつ
競技ハナカン5.5〜6号

ハリス 東レ
将鱗あゆ マジックハリスEX
0.6〜1号

ハリ がまかつ
G-HARDてっぺん
6〜7号 3本イカリ

中期〜終期
サオ がまかつ
がま鮎 競技スペシャルV5
引抜急瀬9m

天井イト 東レ
将鱗アユ
天糸スペシャル
0.6〜0.8号3m

空中イト 東レ
将鱗あゆ
PRO Type 競技ハイパー
0.4〜0.6号1m

水中イト がまかつ
メタルブリッド
0.1〜0.15号5m

下付けイト 東レ
将鱗あゆツケ糸スペシャル
0.4〜0.6号25〜30cm

中ハリス がまかつ
鮎中ハリス0.8〜1.2号

逆バリ がまかつ
競技サカサ2〜3号

ハナカン がまかつ
競技ハナカン6〜6.5号

ハリス 東レ
将鱗あゆ マジックハリスEX
1〜1.2号

ハリ がまかつ
G-HARDてっぺん
7〜7.5号 3本イカリ

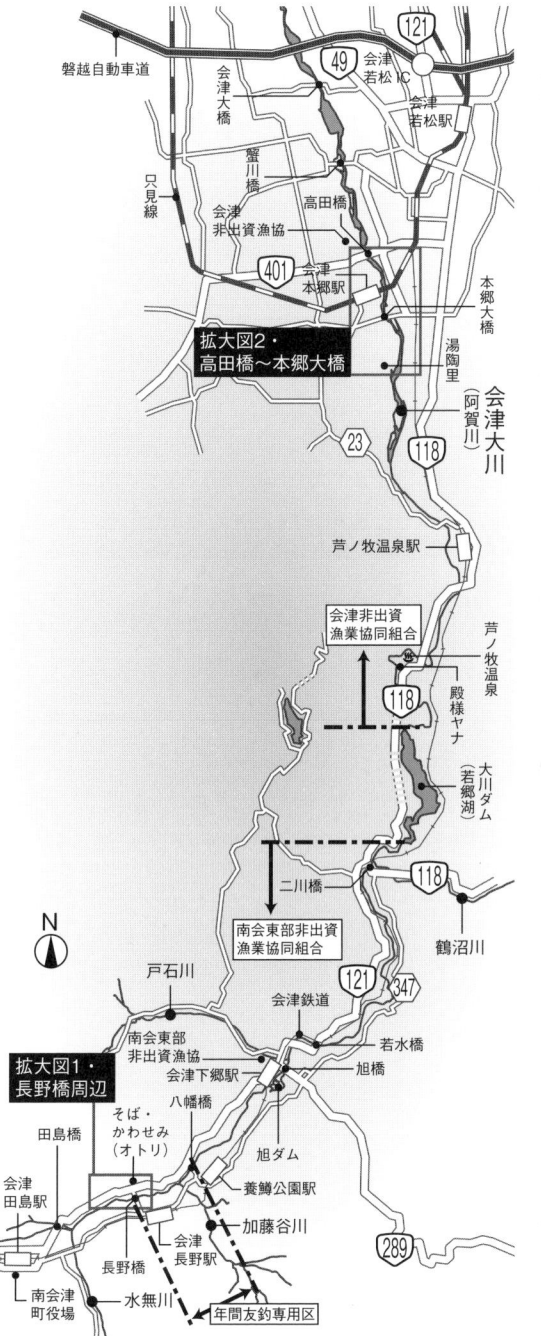

ダム上流・通称「馬小屋前」の流れ。河川敷に駐車スペースが整備され入川も容易

初期のダム上流で掛けたアユ。タモが持ち上がらないほど数が釣れる

ダム上流エリアの解禁当初は釣り人が大勢押し寄せるが、魚影が多く釣果は期待できる

ダム下流・芦ノ牧地区は大石の荒瀬が多く、ダイナミックなアユ釣りが楽しめる

ダム下流・本郷大橋より下流を望む。流れが複雑で、アユの付く場所を見つけられるかで釣果に差が出る

放流河川は初期から良型が揃うのが魅力だ

ダム下流・芦ノ牧地区の流れ。手前のチャラ瀬に殿様ヤナが造られる

　高のある見栄えのする魚体が魅力だ。初期に良型を瀬で立ち込んで釣りたいのならダム下流エリアがおすすめではあるが、私としてはやはり中期からの釣り場として紹介したい。
　おすすめしたいのは、ダム下流の本郷大橋～高田橋にかけて。ここは各メーカーの大会も開催される好釣り場で、早瀬、チャラ瀬、トロ瀬と非常に変化に富んだ流れとなる。20～25㎝がアベレージで、拳～頭サイズの石のため底流れが速く押しも強い。瀬の流心で、サオを引ったくるような強烈なアタリが楽しめる。
　ただ、大水があると川相が変わりやすく、一概にどの場所がおすすめとは紹介しづらい。その年の放流状況をよく確かめて、自分の経験や勘を頼りにアユが付きやすいポイントを捜すことが釣果を伸ばすコツである。
　ダム下流エリアの上流部にあたる芦ノ牧エリアは荒瀬が多く、サオ抜けに

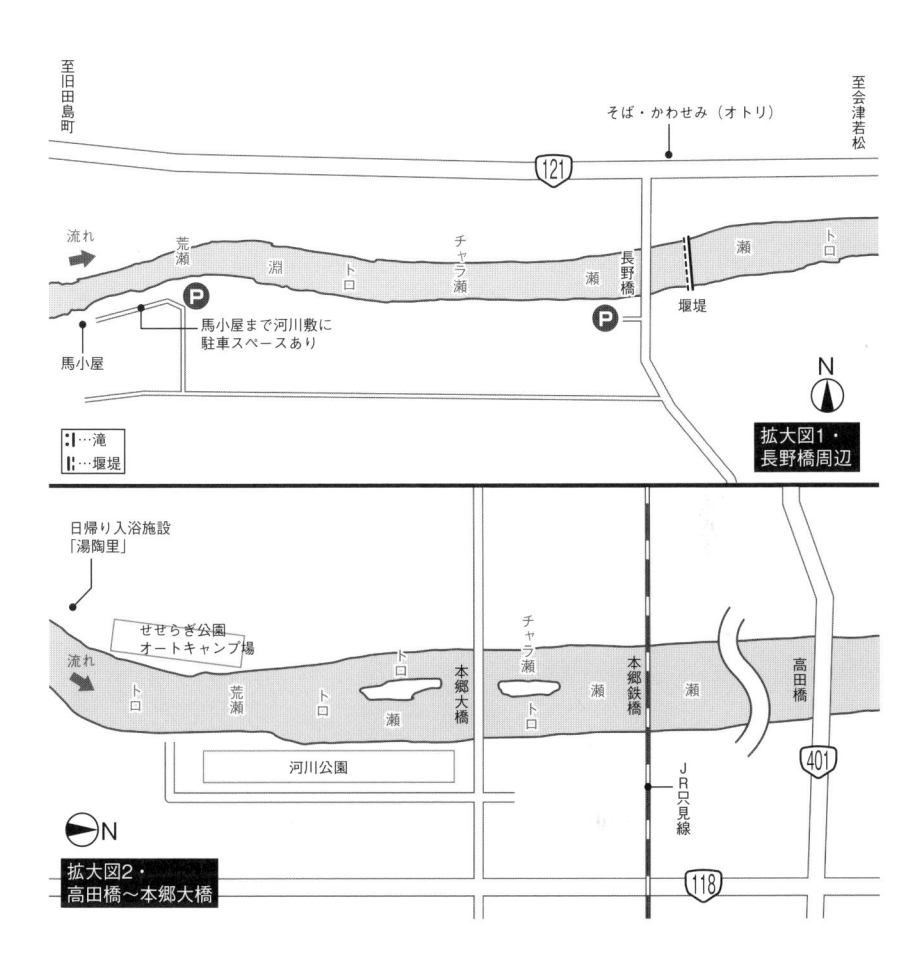

なりやすいため、時に25cmオーバーが深瀬で掛かる。大石や2m以上の深場が多く、立ち込んだ場所から下れないこともあるため、多少の無理をしても確実に取り込める仕掛けが必要だ。8月からはアユのパワーも増すため、あまり細イトにはこだわらないで、メタルなら0.1号以上を使用したい。

芦ノ牧地区に「殿様ヤナ」という観光ヤナがあり、その上下に多く放流されるため、初期から終盤まで楽しめる。また、近くには温泉街もあり、釣りの後に疲れを癒すのにも利用できる。

ダム下流は、ダムの放水量により釣果が前日と異なることもある。放水で増水していれば3つ星アユが流心で活発に追うこともある一方で、放水が止まりシビアな釣りを強いられることもある。だが、そういった難しい条件の釣りがあるからこそ友釣りは奥が深く、何年経っても飽きることがなく楽しめるのだと思う（坂内）。

●福島県

野尻川
（のじり）

流程は短いがダムもなく良型を育む環境が揃った流れ
解禁から20cm前後が混じり終盤は25cm以上がサオを絞る

野尻川はアユを育む環境が整っている。お盆には25cm前後がサオを曲げてくれる

野尻川の流程は30km強だが、その中でアユ釣りができる範囲は10kmほどとなる。流れは一抱え程度の石がまんべんなく敷き詰められた、川幅10〜25mの渓流相を見せる。

見た目に水温が低いと思われがちだが、上流域は瀬やチャラ瀬が多いため水温の上昇が早く、シーズン中は20℃以上の水温が保たれる。

中流から下流域にかけては水深2〜3mの淵が所々にあり、その上下に瀬、チャラ瀬といった流れを見せ、ポイントも非常に分かりやすいので初心者でも安心して釣ることができる。

数多くのダムを有する只見川の支流なので天然ソ上はなく、100％放流河川ではあるが、石がよいことと水温が安定していることなど、アユを育む環境は整っている。解禁当初から20cmクラス、終盤には25cm以上の大アユがサオを絞り込む。

また、野尻川にはダムがないので増

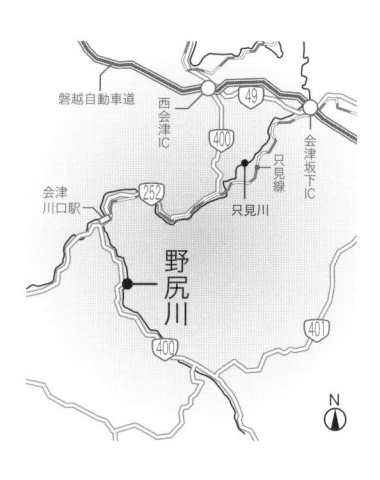

information

- 河川名　阿賀野川水系只見川支流野尻川
- 釣り場位置　福島県大沼郡金山町～昭和村
- 解禁期間　6月27日～
- 遊漁料　日釣券2300円・年券9000円
- 管轄漁協　野尻川非出資漁業協同組合（Tel0241-54-2123）
- 最寄の遊漁券取扱所　坂内商店（Tel0241-54-2123）
- 交通　磐越自動車道・会津坂下ICを降り、国道252号を経由して金山町で国道400号に入り野尻川へ

● 初期の良型ねらいなら上流へ

　以前は7月中旬であった解禁が、数年前より6月下旬と早まった。7月中旬だと東北地方は梅雨のピークであるため、増水して解禁日を迎えられないことも度々あったが、現在の6月解禁になってからは少なくなった。

　前述のとおり、この川のアユは成育がよく、解禁当初から20cmクラスが混じる。仕掛けはあまり細すぎないほうがよい。初期は瀬がねらいめだが、野尻川の瀬は大石の段々瀬が多く、掛かったポイントですぐに引き抜くことに

　水後の水引きが早く、だいたい翌日には釣りが可能となる。川沿いに国道が走り入川も安易で、近くには温泉宿もあり釣り人の疲れを癒してくれる。緑に囲まれた澄んだ空気、清らかな流れは爽快な気分でアユ釣りを楽しめる。

　ここでは、シーズン別におすすめの釣り場、釣り方を解説したい。

なる。また、ポイントを荒らさないためにも早い取り込みを心掛けたい。友釣りは循環の釣り、やはり手返しの早さが釣果を伸ばすコツとなる。

アユのエリアは上流の昭和地区、下流の金山地区に大きく分けられる。昭和地区は川幅が狭まり、渓流釣りが楽しめる川相となる。実際にルアーやフライでイワナ、ヤマメをねらう釣り人も多い。そのため放流量は自ずと少なくなる。

上流域は水温が低く小型が大半と思われがちだが、ここは浅瀬が多く比較的水温の上昇が早いため、解禁から20cmオーバーがサオを絞る。放流量が少ないので数こそ金山地区には及ばないものの、初期の良型ねらいにはおすすめだ。

なかでも原橋周辺はチャラ瀬の広がる人気の場所。水深がないだけにアユの警戒心が強く、ポイントにはあまり近寄らず遠くから静かに泳がせたい。

頭上に木々が覆い被さるような場所も なく、開けているので長ザオでも安心して釣ることができる。

この川一番の友釣り銀座である弁天橋上下は、瀬、トロが交互に点在する流れだ。放流量も多く、シーズンを通して 場所に当たると1個所で50尾以上の釣果に恵まれる。

数をねらうなら放流量の多い金山地区がおすすめだ。型は18cm前後だが、

初期
サオ がまかつ
がま鮎 ファインスペシャルIV H9m

天井イト 東レ
将鱗アユ
天糸スペシャル
0.6号5m

水中イト 東レ
将鱗あゆ
PRO Type 競技ハイパー
0.175～0.25号4m

中ハリス がまかつ
鮎中ハリス0.6～0.8号

逆バリ がまかつ
サカサ革命2号

ハナカン がまかつ
競技ハナカン5.5～6.5号

ハリス 東レ
将鱗あゆ マジックハリスEX
0.6～0.8号

ハリ がまかつ
T1要
6.5～7号 3本イカリ

中期～終期
サオ がまかつ
がま鮎 パワースペシャルIV
引抜急瀬9m

天井イト 東レ
将鱗アユ
天糸スペシャル
0.8～1号5m

水中イト 東レ
将鱗あゆ
PRO Type 競技ハイパー
0.4～0.6号4m

中ハリス がまかつ
鮎中ハリス1～1.2号

逆バリ がまかつ
サカサ革命3号

ハナカン がまかつ
頂上ハナカン6.5～7号

ハリス 東レ
将鱗あゆ マジックハリスEX
1～1.5号

ハリ がまかつ
G-HARDてっぺん
7.5～8号 3本イカリ

して安定した釣果が得られる。人気のある場所なので、解禁当初は場所取りも必要になってくる。しかしシーズン終盤まで必ず期待に応えてくれるポイントなので、ぜひサオをだしていただきたい。

●中期〜終盤は金山地区がおすすめ

8月上旬以降は組合員による投網が解禁となる。昭和地区は玉石の浅瀬が多いため、投網が入ると非常に魚影が少なくなり、以降は大石やトロ、淵が多い金山地区での友釣りがメインとなってくる。金山地区は友釣り専用区が広く確保

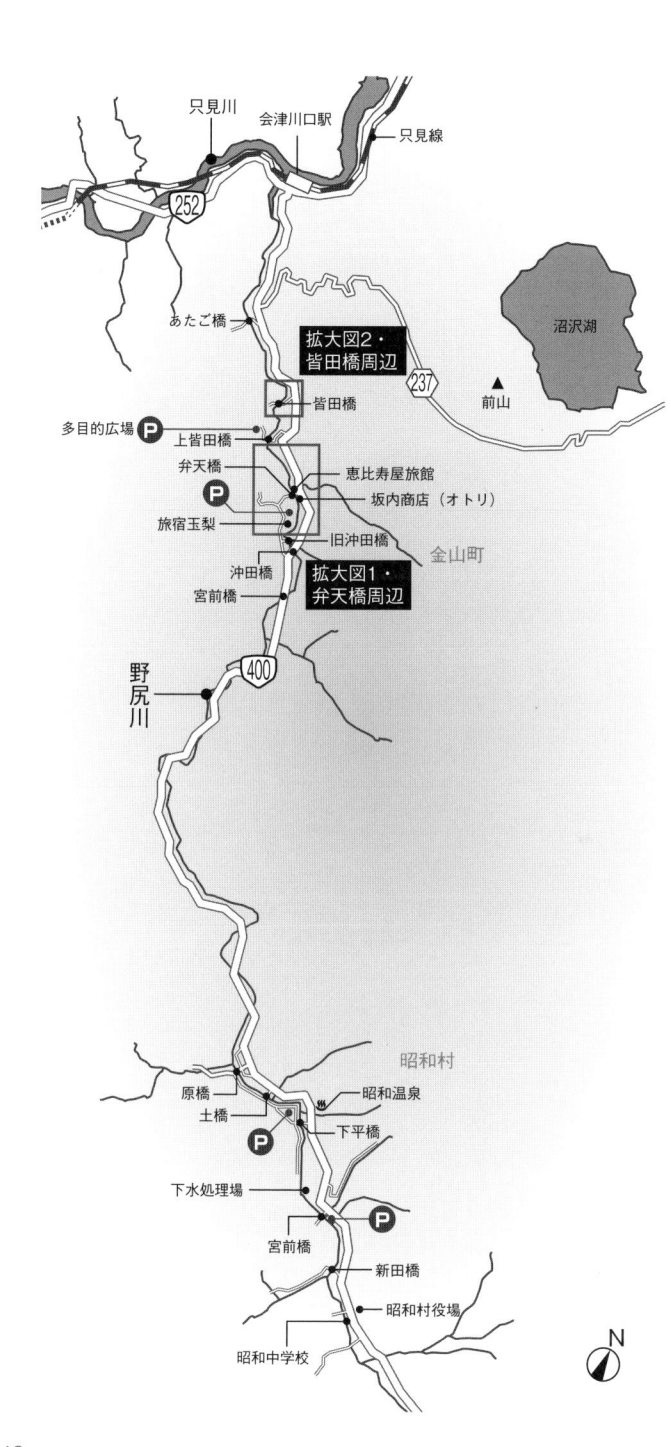

金山地区・弁天橋
上下は放流量も多
く人気のポイント

金山地区でアユ
を引き抜く

されており（平成27年6月現在は設置予定）、重点的に放流も行なわれるため9月中は友釣り可能である。ただ、この川は8月になるとメジロアブが大量に発生する。日差しを避けて日陰に入ろうものなら、たちまちアブの襲撃で釣りどころではなくなる。

本来であれば8月は最盛期なのだが、釣り人の姿がめっきり減る。そのため釣られずに残るアユが多く、8月中旬からは25cmクラス、9月には最大28cmの大アユが掛かりだす。

終盤に大アユを釣るなら皆田橋上流がおすすめだ。ここは大石の段々瀬が長く続き、その隙間や流心付近のヨレに大アユが潜んでいる。

足場が悪く釣りづらいことは否めないが、一発大ものをねらってみるのもよい。私自身、野尻川では29cmが最高だが、毎年ヤナでは尺を超えるアユが獲れている。

釣り人にとっては夢の尺アユ、ぜひ、

144

拡大図1・弁天橋周辺

🧭N

- 旅宿玉梨
- 流れ →
- 堰堤
- 瀬／トロ／トロ／瀬／トロ瀬
- 10〜20台駐車可能 🅿
- 玉梨温泉（共同浴場）
- 弁天橋
- 瀬
- 堰堤
- 荒瀬
- 国道400
- 坂内商店（オトリ）
- 恵比寿屋旅館
- 八町温泉（共同浴場）
- 至昭和村 ← → 至会津若松

H…滝
H…堰堤

拡大図2・皆田橋周辺

🧭N

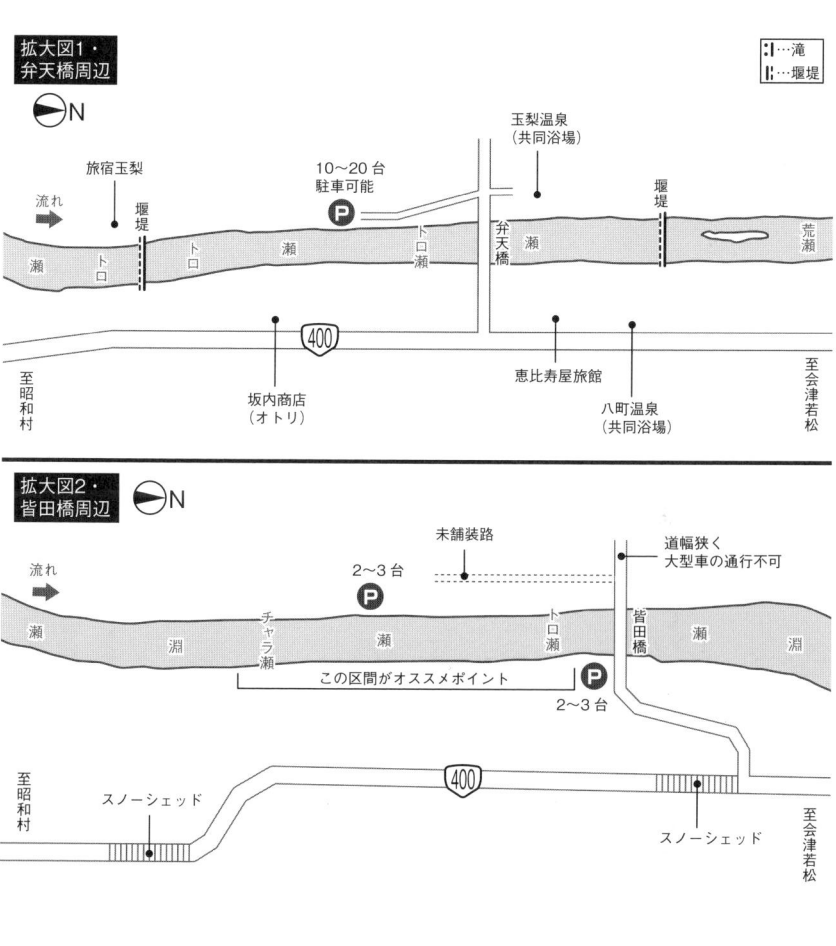

- 流れ →
- 瀬／淵／チャラ瀬／瀬／トロ瀬
- 2〜3台 🅿
- 未舗装路
- 道幅狭く大型車の通行不可
- 皆田橋
- 瀬／淵
- この区間がオススメポイント
- 🅿 2〜3台
- 国道400
- スノーシェッド
- スノーシェッド
- 至昭和村 ← → 至会津若松

解禁当初から20cmクラスの数釣りも楽しめる

夢を現実にするべく野尻川へ釣行されたい（坂内）。

● 福島県

伊南川(いな)

只見川へ注ぐ最大支流は清冽で澄んだ流れ
初期は伊南地区、中～終期は南郷地区で大型ねらい

伊南川は、栃木～群馬県境に接する檜枝岐村に源を発し、只見川に注ぐ最大支流。上流にダムはなく、非常に透明度の高い水質を誇っている。そのためアユの質もよく、関東方面から大勢のアユ釣りファンが訪れ賑わう。以前は大手メーカーの全国大会が開催されたこともある。

川相としては、川幅は20～40mで瀬、トロ、淵、岩盤が随所にあり、川底には頭大の石が敷き詰められている。釣期は短く、7月下旬に解禁して9月下旬には終了となり、実質2ヵ月程度しかない。

それでも、前記したとおりアユの生活環境が整っているため成長が早く、初期は18cm前後でも終盤には25cmオーバーの大アユと化す。

平成23年7月に新潟県から会津地域にかけて局地的な集中豪雨が発生し、伊南川流域も過去にない大規模な災害に見舞われた。各所で土砂崩れや護岸の崩壊が起こり、そのため以前よりも川は砂底が多くなり、石が埋まってしまった場所もある。

南郷橋上流の段々瀬を望む。放流量が多く伊南川随一の人気ポイント

146

information

- ●河川名　阿賀野川水系只見川支流伊南川
- ●釣り場位置　福島県南会津郡南会津町〜只見町
- ●解禁期間　7月18日〜10月15日
- ●遊漁料　日釣券2500円・年券1万2000円
- ●管轄漁協　南会津西部非出資漁業協同組合（Tel 0241-72-2110）
- ●最寄の遊漁券取扱所　宮川屋（Tel 0241-73-2560）
- ●交通　磐越自動車道・会津坂下ICを降り、国道252、289号経由で伊南川へ

新伊南川橋より下流を望む。小石底の流れに点在する大きめの石にはいいアユが付いている

しかし、行政や地域住民の懸命な努力により、川は徐々に以前の輝きを取り戻しつつある。近年は放流事業も成功し、解禁以降50尾前後、なかには束釣りをする釣り人も出た。川が一変するほどの大規模な水害ではあったが、年々砂が流失して埋まっていた石も姿を現わすなど、新たな好ポイントも生まれたことで釣果も持ち直しているようだ。

緑豊かな山間に流れる伊南川は、素直なアユが多く、好ポイントでは必ず釣果が望める。仕事の疲れを癒すためにも、大自然と触れ合い、アユ1尾1尾と会話を楽しみながら釣りを楽しんでみてはいかがだろうか。

●初期におすすめの伊南地区

この川は大きく分けると伊南地区と南郷地区に分けられるが、どちらの地区で釣るかによって釣果が変わってくる。これは水温の違いや石の大きさに

よるものだ。上流にあたる伊南地区は水温が低く、石も頭大程度であり、小型のアユがほとんどで最大でも18cm程度の数釣りの場所。

下流の南郷地区は水温が上がり、また石のサイズも頭大から一抱え程度の大きさになるため、20cmクラスの良型アユの釣り場となる。

まずは伊南地区だが、新伊南川橋上下流がおすすめだ。放流量も多く、入川もしやすく初めて訪れる釣り人でもまずまずの釣果に恵まれる。橋の上下にトロ瀬があり、両岸の際をねらうとよい。際に黒い良質な石が入っているため、川岸を歩かないで川の真ん中に立ち込み、岸際を静かに泳がせると面白いように釣れる。

伊南地区は荒い場所や深い場所が少なく、瀬、チャラ瀬がほとんどなので、メタルラインは必要なく、ナイロンでの泳がせ釣りのほうが釣果は伸びる。ただ、釣り場が比較的穏やかなため、前日ねらわれた場所ではなかなか釣果が伸びないこともある。少し思考を変えて、誰もが釣る場所ではないようなポイントを見つけることができれば、思わぬ釣果が手にできる。入川する場所をよく確かめて釣ることが非常に大切になる。

次に南郷地区だが、まず南郷橋上下を紹介したい。流域で一番の放流量を誇る場所で、確実に数が釣れる。魚影

初期
サオ　がまかつ
がま鮎　ファインマスターFⅢ MH 9m

天井イト　東レ
将鱗アユ
天糸スペシャル
0.6号5m

水中イト　東レ
将鱗あゆ
PRO Type 競技ハイパー
0.15～0.25号4m

中ハリス　がまかつ
鮎中ハリス0.6～0.8号

逆バリ　がまかつ
競技サカサ1～2号

ハナカン　がまかつ
競技ハナカン5.5～6号

ハリス　東レ
将鱗あゆ　マジックハリスEX
0.6～0.8号

ハリ　がまかつ
G-HARD即
6～6.5号　3本イカリ

中期～終期
サオ　がまかつ
がま鮎　パワースペシャルⅣ
引抜急瀬9m

天井イト　東レ
将鱗アユ
天糸スペシャル
0.8～1号3m

空中イト　東レ
将鱗あゆ
PRO Type 競技ハイパー
0.4～0.6号1m

水中イト　がまかつ
メタブリッド
0.1～0.15号5m

下付けイト　東レ
将鱗あゆ　ツケ糸スペシャル
0.4～0.6号25～30cm

中ハリス　がまかつ
鮎中ハリス1～1.5号

逆バリ　がまかつ
サカサ革命3号

ハナカン　がまかつ
頂上ハナカン6.5～7.5号

ハリス　東レ
将鱗あゆ　マジックハリスEX
1～1.5号

ハリ　がまかつ
G-HARDてっぺん
7～8号　3本イカリ

が多いため、悪条件でも一定の釣果は期待できるので覚えておきたい。数だけではなく、大石が豊富にあるので型もよい。上下に深場を抱えているためアユの補充もあり、シーズンを通して安定した釣果が望める。

橋上流には岩盤底に頭大の石が入っている段々瀬があり、流心をねらうと黄色味がかったきれいな居着きアユが追ってくる。橋下流は良質な石が敷き詰められており、手前の流れから徐々に流心へ、さらに対岸の岸際まで探るとよい。

解禁直後はどこでも一定の釣果は出るが、上下に好場所が多くあるので、

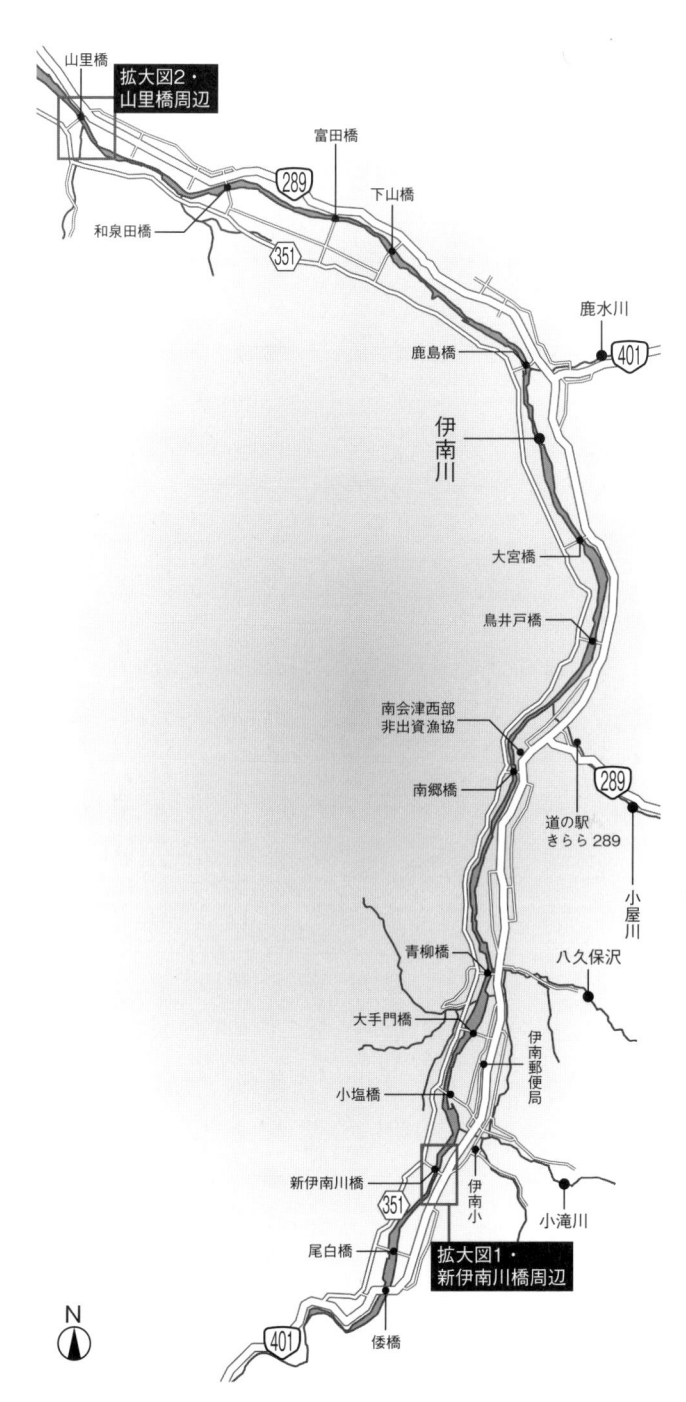

山里橋より下流を望む。流れに点在する大石周りに大アユが潜んでいる

山里橋より上流を望む。瀬の多い流れで
8月以降は非常に楽しい釣りができる

自分にあった場所を見つけ、1個所で粘らずに広範囲を足で稼ぐことが釣果を伸ばすコツである。

●中・終盤にねらいめの山里橋周辺

7月下旬の解禁直後には最大でも20cm程度だが、8月になると急に大型サイズが釣れるようになる。特に南郷地区から下流域ではお盆頃に25cmクラスが突如掛かり出すため、油断は禁物だ。最盛期のアユは当たりも引きも一番強いので、あまり細イトを使用せずワンランク太めのラインで確実に取り込むようにしたい。南郷地区は大石も多く、時には無理な取り込みになることもあるのでなおさらだ。

中盤以降におすすめなのが南郷地区最下流部にあたる山里橋付近。水量もいくぶん多くなり、大石の荒瀬があり個人的にも好きな場所で8月以降はよく通う。瀬の多い流れで初期に良型が掛かりそうなのだが、なぜか初期はあまり釣れた話が出ない。そのため釣れずに大型に育ってから掛かり出す8月以降は非常に楽しい釣りができる。

橋の上下にある瀬は前後に長いトロも抱えており、随時アユが補給される。荒い場所もあるためサオが入っていないポイントも残っていることが多い。ここで釣る際には、メタルラインを使用して流れのきついポイントを探ると、幅広の大アユがサオを引ったくるような掛かり方をみせてくれる。

以前、9月中旬に橋下流に仲間と入った際、段々瀬のアシ際の釣りづらいポイントで28cmを掛けたこともある。

拡大図1・
新伊南川橋周辺

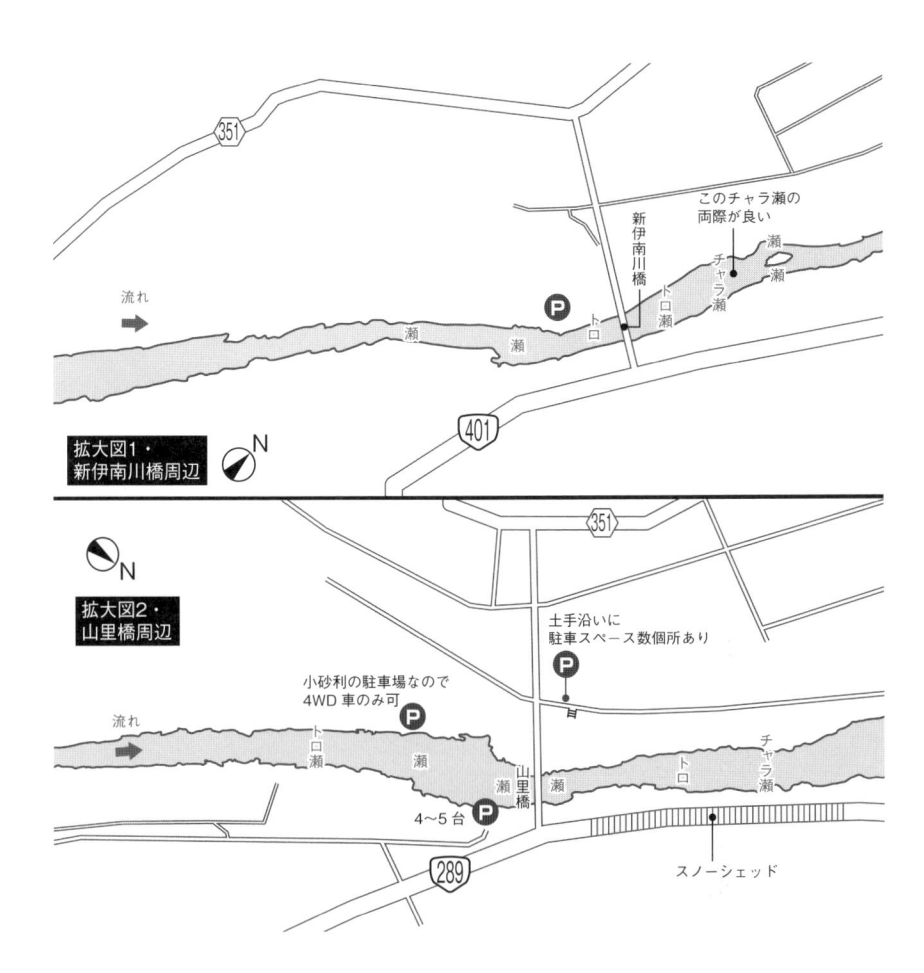

このチャラ瀬の両際が良い

拡大図2・
山里橋周辺

土手沿いに駐車スペース数個所あり

小砂利の駐車場なので
4WD車のみ可

4〜5台

スノーシェッド

下流域では終盤になると28cm
クラスも出る

下れない状況ではあったが、サオは荒瀬調子、ラインはメタル0.15号だったので難なく引き抜くことができた。この日の平均サイズは25cmで、肩の張ったズッシリと重量感のあるアユばかりで、最高の気分を味わったことを今でも覚えている。

終盤は20尾も釣れば大釣りとなってしまうが、この時期は数よりサイズで楽しみたいものだ。それを堪能できる伊南川は、短い釣期でも充分に楽しませてくれる魅力がある（坂内）。

●福島県

久慈川（くじ）

東北ではいち早い解禁日に毎年多くのファンが詰めかけるフラットで穏やかな流れ。その日の付き場の見極めが肝心

久慈川は福島県八溝山に源を発し、福島、茨城両県を流下して太平洋に注ぐ全長約124kmの清流。南東北・北関東有数のアユの川として知られている。ここでは、福島県境から上流、矢祭町から棚倉町周辺の流れを紹介したい。

エリアの最下流に架かる高地原橋周辺の川相。人の頭大の石が点在する流れで下流は岩盤帯となる

● 解禁日、盛期ともに人気が高い

東北では最も早い6月の第1日曜日解禁は、県境から棚倉町の双ノ平橋までの15kmとエリアが限られる。それ以外のエリアは、7月第1日曜日に解禁を迎える。

関東方面からのアクセスが容易であるため、解禁日には大勢の友釣りファンが押し寄せ、盛期もサオの林とな

矢祭橋周辺の流れ。早期解禁エリアの上限で、解禁日には大勢の友釣りファンが押し寄せる

152

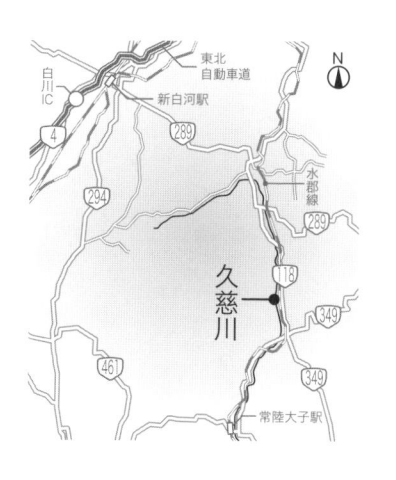

information

- 河川名　久慈川
- 釣り場位置　福島県東白川郡棚倉町～塙町～矢祭町
- 解禁期間　6月第1日曜（福島県境～双ノ平橋）、7月第1日曜～12月31日
- 遊漁料　日釣券1500円（解禁日のみ2000円）・年券7800円
- 管轄漁協　久慈川第一漁業協同組合（Tel0247-46-3755）
- 最寄の遊漁券取扱所　わたなべ食堂（Tel0247-46-2881・オトリ）、ドライブインやたて（Tel0247-46-3551）、藤見屋（Tel0247-46-2851）、幸楽（Tel0247-46-4087）、塙商店（Tel0247-46-3044）、ファミリーマートタカシン矢祭店（Tel0247-34-1110）、セブンイレブン　道の駅はなわ店（Tel0247-43-2441）
- 交通　東北自動車道・白河ICを降り、国道4、289、118号を経由して久慈川へ

　早期解禁エリアの川幅は40mほどで、広い所で約半分ほどが流れとなる。場所によっては解禁当初から型のよいアユがねらえ、なかでも矢祭町付近は、瀬あり、チャラあり、トロ場ありとポイントに事欠かない。魚影も天然ソ上に加え、放流もなされているので全体に多い。

　注意したいのが投網の解禁。友釣り専用区となる高地原橋の先から上流の矢祭橋までは9月第3日曜日が網解禁となるが、上流へ進むにつれ解禁日が早くなる。双ノ平橋より上流はアユの解禁と同時に投網も解禁となるため、シビアな釣りが要求される。

　オトリや遊漁券は、流域に立つのぼりを目安にすれば容易に取扱所を見つけられる。私が好んで利用するのは矢祭橋近くにある「わたなべ食堂」。もう亡くなってしまったが、先代の店主はリールの付いた久慈ザオを駆使する地域の釣りの名手だった。現店主の渡

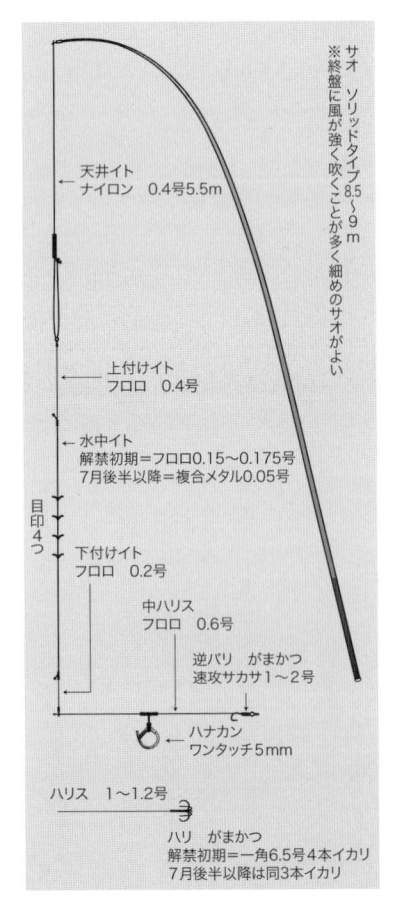

久慈川のアユはバランスのとれた美形で、味がよいのも自慢。盛期は梅雨明けの7月後半から8月中旬で、強い引き味も堪能できる。

●その日の付き場を見極めるのがコツ

おすすめのポイントを下流から挙げていくと、高地原橋前後と夢想橋から新山下橋の間は、人の頭大の石が点在する流れで下流は岩盤帯となる。わたなべ食堂前の瀬も例年人気のポイント。その上流は岩盤帯で比較的水深があり、岩盤の隙間に入っている石にアユが付いている。

矢祭橋から2つめの天神沢橋（赤い狭い橋）の前後も、石の揃った瀬とチャラ瀬の好場所。少し分かりづらいが、橋の下に駐車スペースがある。

天神沢橋と下植田橋の中間にある岩盤の流れも見逃せないが、深みにはニ

辺さんも友釣りの名手で、釣況やポイントなどを気さくに教えてくれる。

新山下橋と矢祭橋の中間の流れを見る。
6月第1日曜日に解禁となるエリア

サオ＝ソリッドタイプ 8.5〜9m
※終盤に風が強く吹くことが多く細めのサオがよい

天井イト
ナイロン 0.4号 5.5m

上付けイト
フロロ 0.4号

水中イト
解禁初期＝フロロ0.15〜0.175号
7月後半以降＝複合メタル0.05号

目印4つ

下付けイト
フロロ 0.2号

中ハリス
フロロ 0.6号

逆バリ
がまかつ
速攻サカサ1〜2号

ハナカン
ワンタッチ5mm

ハリス 1〜1.2号

ハリ がまかつ
解禁初期＝一角6.5号4本イカリ
7月後半以降＝同3本イカリ

ゴイが付いているので注意されたい。下植田橋下にある堰堤下は、アユが足止めされるため魚影の多い所だ。さらに上流、天領大橋と米山橋の中間で流れ込む支流の川上川から雨後の濁りが入ると、下流の流れは釣りにならないので覚えておきたい。すぐ上流に架かる米山橋前後は釣り可能で、下

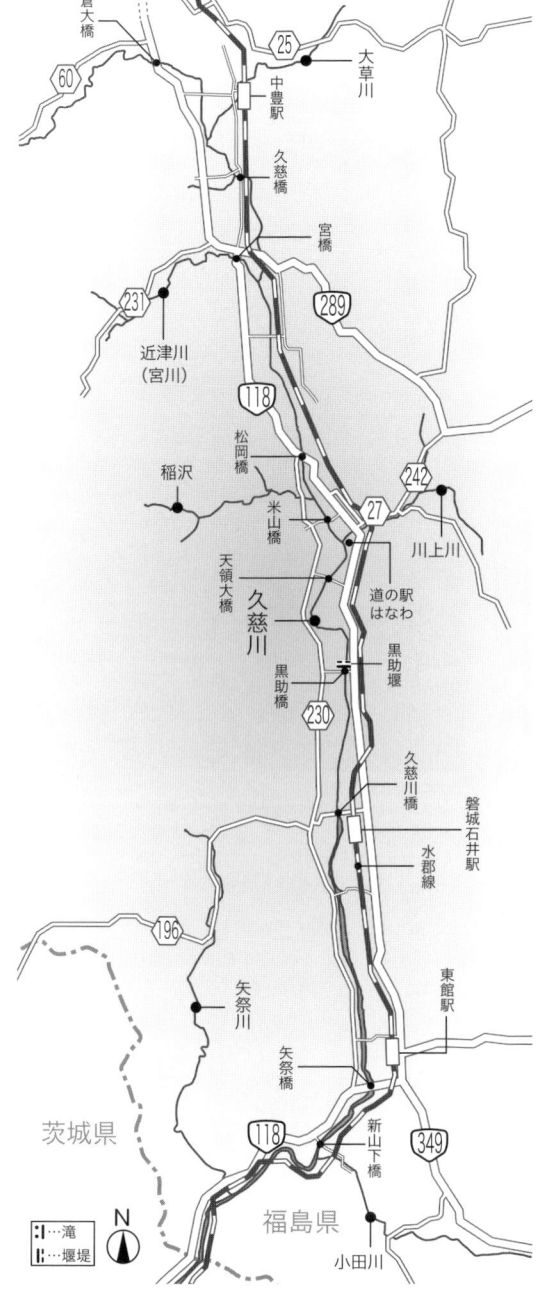

下植田橋下にある堰堤下はアユが足止めされるため魚影が多い

釣れるアユは全体のバランスがとれた美形で、味がよいのも自慢

天神沢橋より下流を望む。石の揃った瀬とチャラ瀬の好場所。天然ソ上に加え放流もなされているので魚影は全体に多い

 久慈川は全体的に特別深い流れもなく、流されるような荒瀬も見当たらない。初心者にもおすすめできる川であり、ベテランの方もシーズン初めの手慣らしの場として活用できる。
 ただし、フラットな流れは釣れる場所が日によって変わることも多く、当日のアユの付き場をいち早く見つけることが釣果を伸ばすコツとなる。
 最後に、駐車スペースは随所にあるが、いずれも地元の農道、作業場所なので配慮ある駐車を心掛けたい。下植田橋から上流に向かって右手の堤防は比較的駐車スペースがあり、あまり迷惑をかけずに駐車できるので利用されるとよい。付近には日帰り入浴が楽しめる温泉宿・ユーパル矢祭もあり、釣りの疲れを癒し帰途に就くのもよいものだ（伏見）。

久慈川略図

東北「いい川」アユ釣り場

掲載河川情報一覧

河川名	漁協名	TEL	解禁期間
奥入瀬川	奥入瀬川漁業協同組合	0176-72-3933	7月1日～9月30日
赤石川	赤石水産漁業協同組合	0173-72-3094	7月1日～9月30日
	赤石地区漁業協同組合	0173-72-4030	7月1日～9月30日
追良瀬川	追良瀬内水面漁業協同組合	0173-74-3184	7月1日～10月31日
米代川（中流部）	田代漁業協同組合	0186-54-2317	7月1日～10月31日
	比内町漁業協同組合	0186-52-2772	7月1日～10月31日
米代川（上流部）	鹿角市河川漁業協同組合	0186-35-2622	7月1日～10月31日
	比内町漁業協同組合	0186-52-2772	7月1日～10月31日
藤琴川	粕毛漁業協同組合	0185-79-2424	7月1日～10月31日
阿仁川	阿仁川漁業協同組合	0186-72-4540	7月1日～10月15日
小阿仁川	同上	同上	7月1日～10月15日
早口川	田代漁業協同組合	0186-54-2317	7月1日～10月31日
桧木内川	角館漁業協同組合	0187-55-4877	7月1日～10月31日
皆瀬川	皆瀬川筋漁業協同組合	0183-58-3008	7月1日～10月31日
成瀬川	成瀬川漁業協同組合	0182-45-2815	7月第2土曜～10月31日
小本川	小本河川漁業協同組合	0194-28-2063	7月第2日曜～11月30日
	小本川漁業協同組合	0194-22-3550	7月第2日曜～11月30日
閉伊川	閉伊川漁業協同組合	0193-62-8711	7月1日～11月30日
雫石川	雫石川漁業協同組合	0196-92-0569	7月1日～11月30日
和賀川	和賀川淡水漁業協同組合	0197-64-7473	7月1日～12月31日
気仙川	気仙川漁業協同組合	0192-46-3841	7月1日～11月30日 （9月下旬～10月上旬禁漁）
鮭川	最上漁業協同組合	0233-62-2078	7月1日～10月31日 （10月4日～1週間ほど禁漁）
真室川	同上	同上	7月1日～10月31日 （10月4日～1週間ほど禁漁）
最上小国川	小国川漁業協同組合	0233-32-2892	7月1日～10月31日 （10月4日～10日まで禁漁）
温海川	温海町内水面漁業協同組合	0235-44-3236	7月1日～10月3日
会津大川	会津非出資漁業協同組合	0242-56-4388	7月1日～12月31日
	南会東部非出資漁業協同組合	0241-67-4555	6月20日～9月30日
野尻川	野尻川非出資漁業協同組合	0241-54-2123	6月27日～
伊南川	南会津西部非出資漁業協同組合	0241-72-2110	7月18日～10月15日
久慈川	久慈川第一漁業協同組合	0247-46-3755	6月第1日曜（福島県境～双ノ平橋）、 7月第1日曜～12月31日

●執筆者プロフィール（50音順）

五十嵐敦行
山形県在住。アユ釣り歴 27 年。「アユ釣りは夏の釣り！短い季節を存分に楽しみましょう」。小国川 FC 所属。

大里光博
岩手県在住。アユ釣り歴 28 年。「釣りバカです」。岩手香友会所属。

大竹満則
青森県在住。アユ釣り歴 11 年。「美味しいアユを求めて東北の河川を釣り歩く！ トーナメントにも積極的に参加しています」。日本友釣同好会青森支部所属、NFS 青森副支部長会。

加藤欽也
山形県在住。アユ釣り歴 23 年。釣りは楽しく思い出作りをモットーにアユ釣りだけではなく、磯、船、サケ釣りなど釣りパラダイス山形県の自然を満喫している週末アングラー。GFG 東北地区本部・副本部長、NFS（野嶋フィッシングスクール）山形支部長。

菊池和幸
岩手県在住。アユ釣り歴 15 年。「安全に楽しく！ 一期一会でアユと人との出会いを大切に」。幻釣会所属。

菊地賢一
秋田県在住。アユ釣り歴は阿仁川一筋 45 年。「川はアユ、海はタイ」釣りは何でも大好き。阿仁川漁業協同組合代表理事組合長、阿仁川名人会所属。

斉藤隆彦
岩手県在住。アユ釣り歴18年。釣りはあまりガツガツせず、いたずらに釣果を追い求めない。大会でも、勝ちたいと思いながらも楽しく釣りたいと思う。

斉藤康弘
山形県在住。アユ釣り歴 20 年。夏は山形県内外の河川を駆け回る。匠鮎会所属。

佐々木　淳
岩手県在住。アユ釣り歴 28 年。「自然の豊かさに感謝し、四季折々に渓流釣りやアユ釣り、また磯釣りを楽しんでいます」。楽笑会所属。NFS 本部理事。

佐藤隆洋
岩手県在住。アユ釣り歴 16 年。瀬釣りが大好きで、瀬釣りにこだわる友釣りマン。NFS 岩手支部支部長。

波田野篤史
岩手県在住。アユ釣り歴 16 年。楽しんで釣り、美味しく食べるのがモットー。「桧木内、楽しめますよ！」GFG 岩手、NFS 岩手所属。

坂内友洋
福島県在住。アユ釣り歴 17 年。小学 6 年生からアユの友釣りを始める。大会で勝てるようにチャラ瀬の数釣りから大河川の瀬釣りまでオールラウンドな釣りを目差し、全国大会での優勝を夢見て試行錯誤を繰り返している。野尻川をホームグラウンドに、県外へも頻繁に遠征する。会津闘麗会所属。

日照田一洋
青森県在住。アユ釣り歴 31 年。オトリ店経営。モットーは「固定姿勢」。構えを決めてサオをブレさせない。NFS 所属、日の出会事務局。

伏見邦幸
福島県在住。アユ釣り歴 36 年。「アユ釣りは日本の文化です」。

前川敦史
岩手県在住。アユ釣り歴11年。釣りを通して出会った人は、一生の宝。

谷地田正志
秋田県在住。アユ釣り歴約30年。アユ釣りは「粘り」が大事。アユの動きを感じて、どうしたら掛かるか、掛けられるかをじっと考え、実行することが大切だと思う。

東北「いい川」アユ釣り場
2015 年 7 月 1 日発行

編　者　つり人社書籍編集部
発行者　鈴木康友
発行所　株式会社つり人社

〒101－8408　東京都千代田区神田神保町 1－30－13
TEL 03－3294－0781（営業部）
TEL 03－3294－0766（編集部）
振替 00110－7－70582
印刷・製本　図書印刷株式会社

乱丁、落丁などありましたらお取り替えいたします。
ⓒTsuribito-sha 2015.Printed in Japan
ISBN978-4-86447-077-3 C2075
つり人社ホームページ　http://tsuribito.co.jp/

本書の内容の一部、あるいは全部を無断で複写、複製（コピー・スキャン）することは、法律で認められた場合を除き、著作者（編者）および出版者の権利の侵害になりますので、必要の場合は、あらかじめ小社あて許諾を求めてください。